グローバルリーダーのための

「トランジション・マネジメント」

海外駐在で成功するための条件

国際コーチ連盟
プロフェッショナル認定コーチ
馬場久美子
Baba Kumiko

ダイヤモンド社

グローバルリーダーのための「トランジション・マネジメント」

海外駐在で成功するための条件

はじめに

海外で仕事をする。
海外の人たちと仕事をする。

そのような機会が、仕事をする多くの人々の身近に巡ってくる時代になりました。海外で、海外の人たちと仕事をする機会を活かし、「グローバルリーダー」として成功するカギとは、いったいどのようなものなのでしょうか。本書では、これまでに筆者が15か国1００人以上の海外で働くリーダーをコーチしてきた経験から、グローバルキャリアの成功確率を高める要素と、それを身に着けるヒントをお伝えします。

「仕事で海外に行くときは、飛行機にどんな格好で乗るんでしょう。まさかスーツですか?」

20代、初めて仕事で海外出張に行くことになった私が会社の先輩にたずねたのは、こんな質問でした。もっと聞くべきことがあるだろうに、われながら、おかしな質問をしたものです。優しい先輩は、「楽な格好で、大丈夫だよ。空港で着替えられるからね」と丁寧に教えてくれたものでした。当時の私にとっては、そのくらい「海外で仕事をする」ということは未知な世界だったのです。あれから私は、気がつけば「グローバル」「海外」と名のつく仕事ばかりをしてきました。2015年からの2年間は、香港に赴任し、拠点長として仕事をする機会もありました。

この文章を読んでくださっている方は、いざ海外転勤が決まった、あるいは、これから海外で仕事をする予定のある方でしょう。もしかしたら、近い未来に訪れるかもしれない「海外での仕事」に漠然とした希望や憧れ、あるいは不安をお持ちの方もいるでしょうか。

いずれにしろ、「グローバルリーダーになる」という選択をした方が読んでくださっていることと思います。

ところであなたは、なぜ「グローバルリーダーになる」という選択をしたのでしょうか？

たしかに今現在、ますます多くの企業が、海外や異文化環境で、確実に業務を遂行し、成果を出せる「グローバルリーダー」を求めています。それは、組織規模の大小や業界を問いません。いまや国を越えた事業活動や、多様性のあふれるチームから生み出されるイノベーションが、ほとんどすべての企業にとって、市場に価値を提供し続ける存在であるために欠かせないものだからです。

一方で、日本の企業で働き始めた２０１５年の新卒入社者への調査では、「海外で働きたいとは思わない」が63・7％と過去最高を記録しました（図表１）。

実際に、私の周りの20代でも、就職先の選び方として「海外勤務の可能性がないから、この会社を選んだ」という話を多く耳にします。若い世代は、本当にそ

図表1 新入社員の60%は「海外で働きたいと思わない」

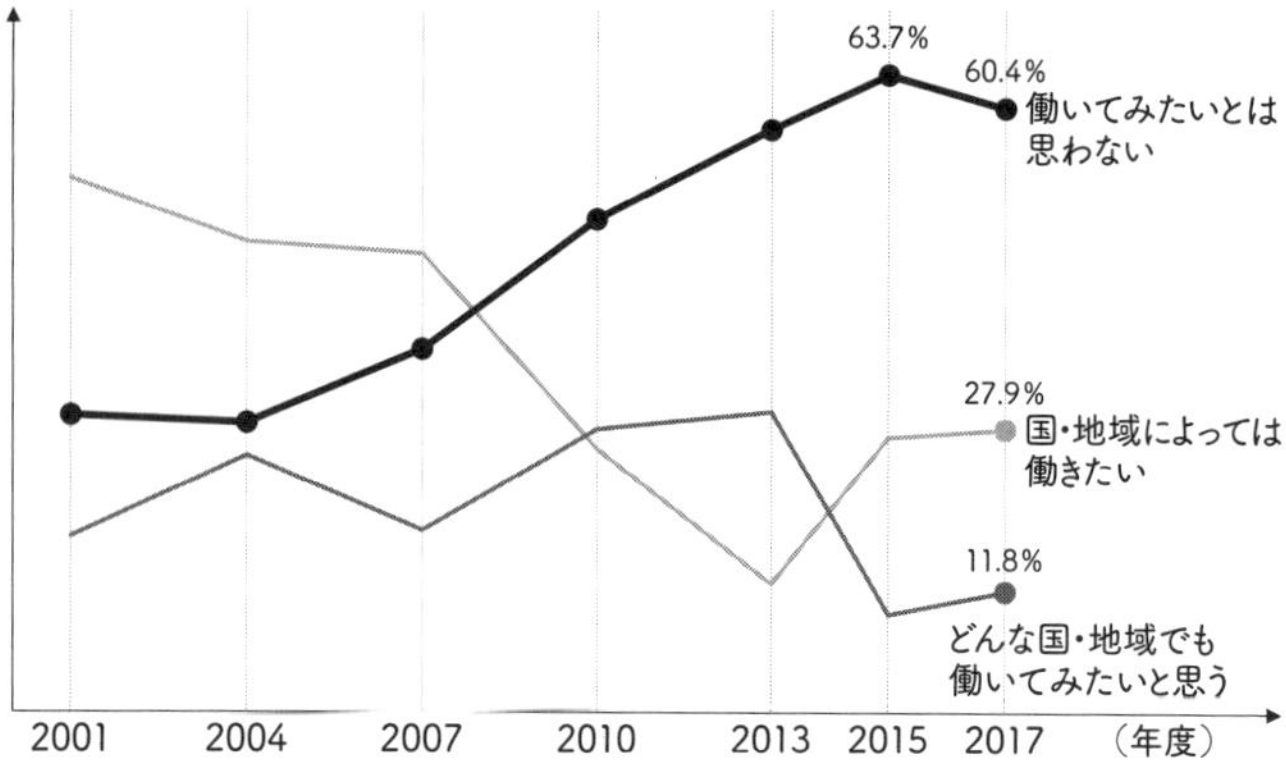

（出典）産業能率大学「第7回新入社員のグローバル意識調査」

んなに海外志向が低いのでしょうか。

一人の若手が、興味深いことを言っていました。

「そのくらい、海外で働くという選択肢が、ほとんどの人にとって現実的になったということではないですか。『行きたくない』ときちんと表明しておかないと、基本的には、海外で働くことになる、と思っているんです」

確かに、何年か前までは、海外で働いたり、海外とビジネスをしたり、というわゆる「グローバルキャリア」は、帰国子女や留学経験者といった、ほんのひと握りの人たちにとっての選択肢でした。

ところが今は、多言語が話せる・話せない、海外生活をしたことがある・ないにかかわらず、「海外で働く」「海外の人たちと働く」という選択肢がとても身近に、リアリティを持って存在するようになったのです。

「グローバル」が遠くの世界の誰かのものではなく、多くの人にとって、向き合っていかなければいけない、自分の現実になった。

この視点で考えると、先のデータから言えることは、「若者の海外志向が低くなった」というだけではなく、今まで「グローバルなキャリアなど考えたこともない」という人たちが、グローバルキャリアという選択肢を意識せざるを得なくなった、とも言えるのでしょう。

このような背景から、日本において、「グローバルリーダー」になろうとしている（中にはならざるを得ない）人の数は、これまでにないほど多い時代になりました。

ここ数年間、私は「コーチ」として、20代から60代まで、さまざまな年代のビジネスリーダーの「グローバルリーダーになる」ためのチャレンジを支援してきました。クライアントの中には、まさに冒頭の私のような、右も左も分からない状態で、無防備に飛び込もうとしている人も、多くいました。また、先ほどの「なぜ、グローバルリーダーになる選択肢を選んだのか」という問いに、明確な答えを持っていない方も多くいました。

この仕事に携わって見えてきたことのひとつは、「グローバルリーダーになる」ための「**ケイパビリティ・ギャップ**」が、どうやら年々大きくなってきている、ということです。

ケイパビリティ・ギャップとは、その任務・役割に求められる期待と、実際に個人によって発揮される能力の差異です。要するに、「グローバルリーダーになる」ための難易度とも言えるでしょう。

どうしてそうなったのか、その背景を考えてみると、まず、海外のビジネスに対する、日本本社からの期待値や、会社全体のビジネスにおける重要度は、右肩上がりになっています。日本企業のグローバル進出は、1980年代から本格的にスタートしてきました。グローバル化の第一歩は、円高に対応する形で、製造の一部プロセスや加工など、日本国内で行われていた部分的な機能を安価に実行するという目的でした。次の段階は1990年代の後半からで、経済成長の波に乗り始めた東南アジアをはじめとするエリアを消費マーケットと捉え、製造業では現地生産のウェイトを上げ、あるいは小売業などのサービス産業が新規出店などの海外進出を始めています。そうして、今や多くの企業が、海外マーケットをビジネスの「主戦場」と捉えています。

一方で、先述の通り、より多くの人たちがグローバルキャリアに参加してきている背景から、グローバルリーダーになろうとする人たちの、グローバル環境における平均的な経験値は下がってきているのです。

図表2がそのイメージです。

図表2 ケイパビリティ・ギャップが年々大きくなっている

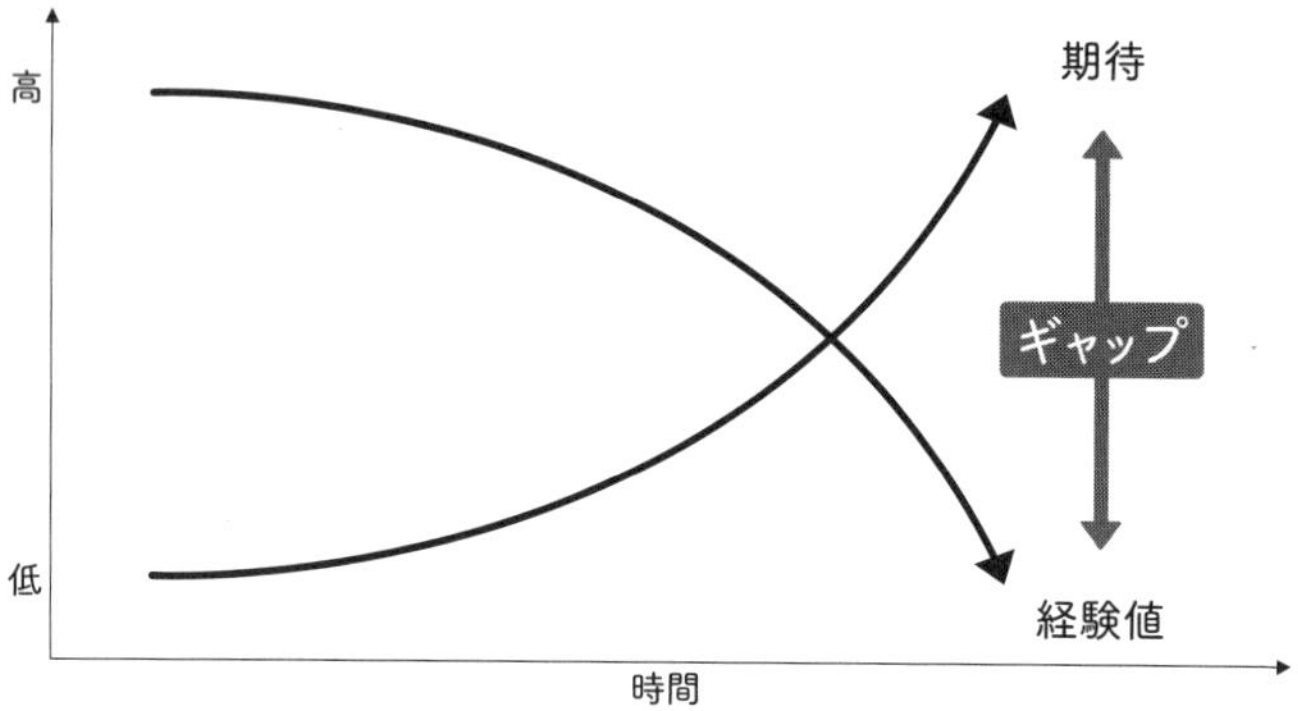

企業側の海外ビジネスに対する期待が高まる一方、より多くの人がグローバルキャリアに参加することで平均的な経験値が下がっている。

このような状況下で、私はコーチとして、「とりあえず」とグローバル環境に飛び込んでみた（飛び込まされた）はよいものの、多くの人が苦戦する様子を目撃してきました。決して若い世代ばかりではなく、20代から60代まで、幅広い年代の人が、それぞれの苦悩を抱いているのでした。

そして同時に、日本国内では考えられないような素晴らしい仕事を、異国の地で実現した人にも多く出会いました。

実際には、すべての人にとって、新しい土地の異文化環境で働き始めることは、業務面でも私生活面でも著しい変化を伴うものであり、それまでとは質の異なるチャレンジが求められます。そして、そこには何らかのケイパビリティ・ギャップが存在します。ケイパビリティ・ギャップが大きければ大きいほど、グローバルリーダーになるプロセスの難易度は高く、何らかの支援が必要と言えます。

少し考えてみてください。あなたにとってのケイパビリティ・ギャップは、どの程度の大きさと言えそうでしょうか。

私のコーチとしての経験から、図表3のような視点で、一人ひとりのグローバル環境におけるケイパビリティ・ギャップの度合いを予測できるのではと考えています。ひとつの参考に、チェックしてみていただければと思います。

これらの問いに対して、YESの数が少ないほど、海外赴任時のケイパビリティ・ギャップは大きくなるようです。YESの数が少ない方ほど、「ギャップ」を埋めていくための、何かしらの支援策を用意する必要があると言えます。

本書は主に、そのようなケイパビリティ・ギャップが比較的大きく、「グロー

図表3 **ケイパビリティ・ギャップを測ってみよう**

これまでに、国内も含めて、転勤・転校など地域を越えて移住した経験はありますか？	YES ／ NO
これまでに、留学等も含めて海外での長期滞在経験（1年以上）はありますか？	YES ／ NO
赴任先に人的ネットワーク（公私ともに）を持っていますか？	YES ／ NO
現地の言語は、日常会話レベルで話せますか？	YES ／ NO
海外で担うポジションは、現ポジションとほぼ変わらない（課長→社長といった大きな変化がない）	YES ／ NO
（家族を帯同させる場合）家族には、海外長期滞在経験（1年以上）はありますか？	YES ／ NO
今回の赴任の辞令を受けたときに、ポジティブな心理的反応（喜び、わくわく、やりがい等）がありましたか？	YES ／ NO

バルリーダーになる」ための難易度が高い方に向けて、わずかながらもその一助となりたいと考え、書くことにしました。

キーワードは本書のタイトルにある「トランジション」です。異文化環境に適応していく過程であるトランジション、すなわち「移行」を、いかにうまく進めるか。そのことをていねいに解説していこうと思います。

私はすべての「グローバルリーダー」がコーチをつけることによって、成功確率が大きく変わると確信しています。ところが、コーチングという1対1の対話によるアプローチという特性から、現実には、コーチを提供できる数は限られています。願わくば、本書が読者にとって「コーチ」のような役割を担ってくれればうれしい限りです。

※コーチングではクライアントとの間に「守秘義務」がありますので、この本に登場する事例は、ご本人が特定できないよう部分的にフィクションにさせていただいています。

グローバルリーダーのための
「トランジション・マネジメント」

目次

Chapter 1

グローバルリーダーとして成功するには

本章で語ること

トランジションのプロセスには4つのフェーズがある。
トランジションでは、それまでの「当たり前」が否定される。
しかし、だからこそトランジションは成長のチャンスでもある。

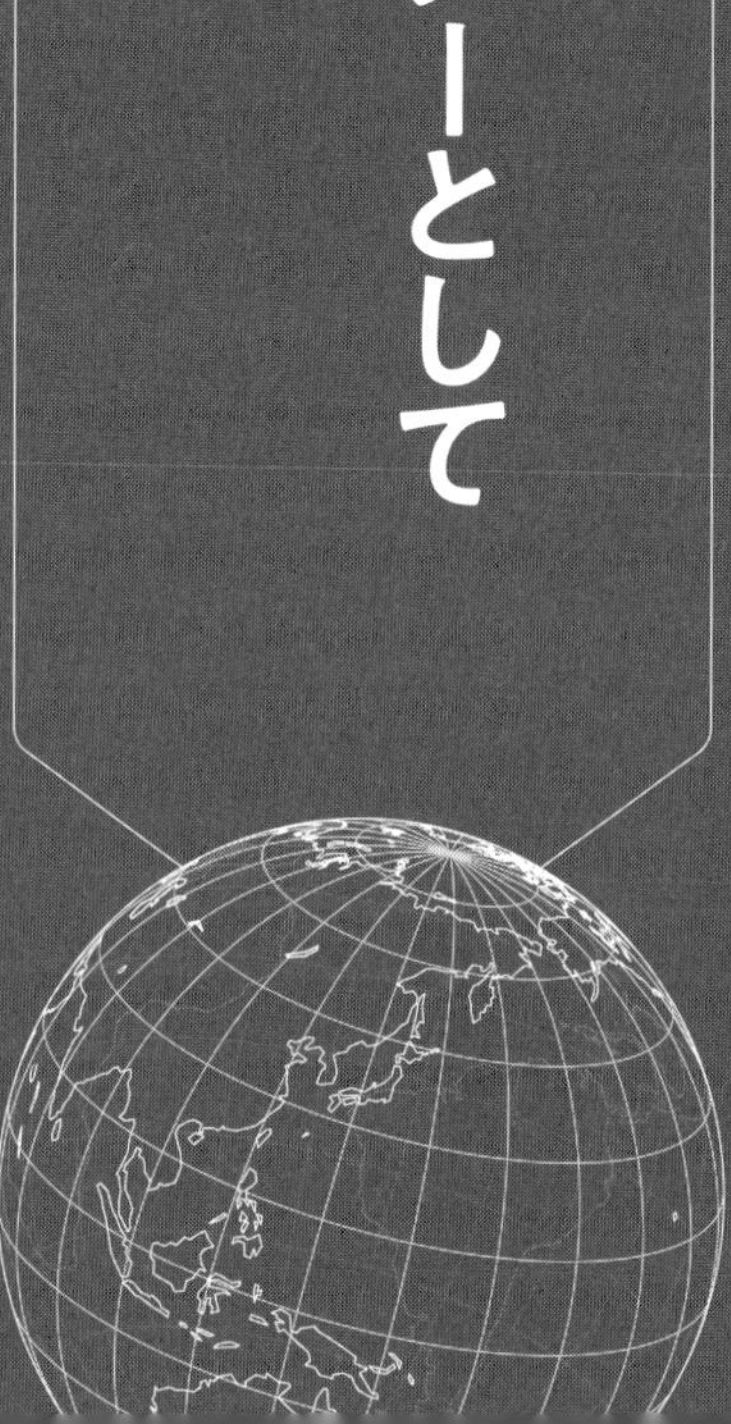

1　グローバルリーダーは、みなトランジションの旅路を歩む

本書は、海外駐在など異文化環境でリーダーシップをとるポジションに就かれた方、あるいはこれから就かれる方の成功確率を上げるために書きました。

海外に赴任して異文化環境に適応し、パフォーマンスを十分に発揮できる状態になるまでのプロセスを「トランジション（Transition）」と言います。2年間限定の赴任でも、10年以上にわたる駐在であっても、赴任し始めた初期段階の1年から2年にわたるトランジション期間を、誰もが経験することになります。

異文化環境へのトランジションのプロセスでは、時間の経過とともに、図表4のような本人の心理状態の変化が多く報告されています。これを「トランジション・カーブ」（Wカーブ）と呼びます。

この心理状態は、適応実感の高低を示しています。自分自身の能力や自分らしさがその地域・ポジションで十分に発揮されていると感じる度合いです。

図表4 **トランジション・カーブ**～トランジションは4つのフェーズに分けられる

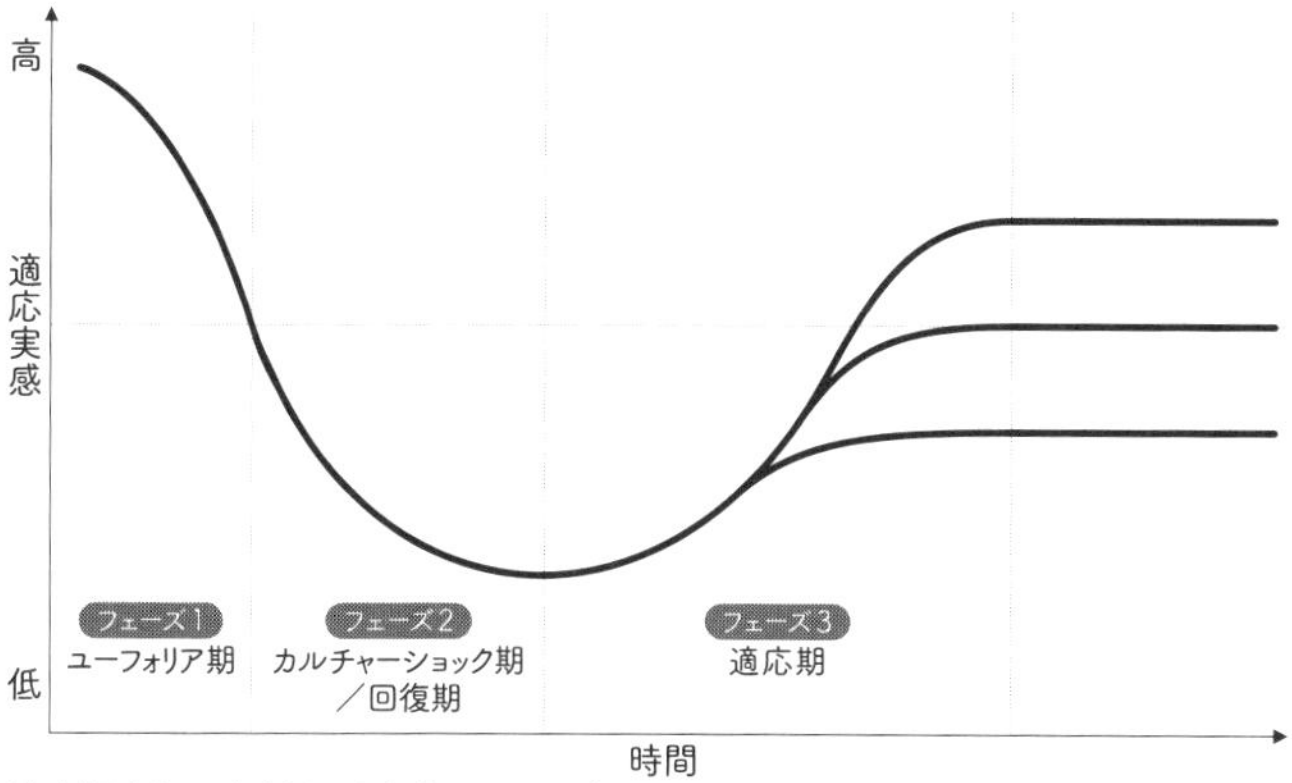

適応期を経て気持ちが安定する。図表にはないがフェーズ4として帰任後の逆カルチャーショック期がある。
（出典）『Cultures and organizations』Geert Hofstede, Gert Jan Hofstede, Michael Minkov

トランジションのプロセスは、大きく4つのフェーズに分けることができます。

ユーフォリア期（**赴任後すぐ～2か月ほど**）

新しい環境になり、多くのことが新鮮で面白く、ポジティブに感じられる。一種の興奮状態（ユーフォリア）にあるが、長くは続かない。

カルチャーショック期／回復期（**赴任後1か月～6か月ほど**）

慣れとともに新鮮さは薄れ、しだいに思い通りにいかない事柄に意識が向くようになる。ユーフォリア期に蓄積されたストレ

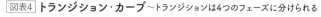

スもあり、ネガティブな感情を抱きやすい。期間の長さは人により異なる。

適応期（赴任後6か月ほど～）

自分の中で多くのことに折り合いがつき、環境に合った新しいスタイルを身に着け始め、自信がついてくる。この段階でもネガティブな感情を抱き続けている人もいる。一方で、出身地の文化以上に溶け込んでしまうケースもある。

逆カルチャーショック期（帰任後すぐ～12か月ほど）

元の文化に戻る際にも、同じようにトランジション・プロセスを体験する。「戻る」ということから難易度は低いと思われやすいが、実際には、新しい環境に適応することよりも難しさを感じる人も多い。

過去に海外在住経験がある人、国を変えて新たに赴任する場合も、程度の違いはありますが、また一からこのプロセスを体験します。

ご家族が帯同される場合は、家族構成員のそれぞれが、異なる道のりをたどることになります。子供のほうがいち早く適応期を迎えて現地に馴染んでしまった、という方もいれば、配偶者がなかなか適応できずに、いったん帰国させることにした、ということもあります。

このトランジションのプロセスを、どのように歩むのかが現地でのあなたのパフォーマンスと成功に影響していきます。ある期間が短くなる人もいれば、長期化する人もいます。また、適応期に至ったときの適応実感は、個人によって差異が見られます。

私はプロのコーチとして、ビジネスリーダーであるクライアントとの多くの関わりを通じて、年代や業界・業種を問わず、「グローバルリーダー」としての成功確率を高めるためのコーチングを模索してきました。

「コーチ」は、相手の目標達成を、より早く、確実なものとするために存在します。1対1で定期的な対話の場（セッションと呼びます）を設けながら、短くても数か月間、長い方ですと数年間にわたって、長期的に相手の成功をサポートしていく仕事です。

一般には、「コーチ」と言えば、スポーツコーチのイメージが強いかもしれませんが、

1995年あたりから、ビジネスリーダーにも専任の「コーチ」がつくケースが増え、ここ数年で日本のビジネス界でも定着し、大きく広がってきています。

駐在員の方のコーチをするということは、言い換えれば、このトランジション・カーブを伴走するということです。

私は多くのグローバルリーダーとトランジション・カーブをご一緒する中で、トランジションの旅路を常に支えているのは、「**2つの対話**」であると考えるようになりました。

1つ目は「**自分との対話**」、2つ目は「**他者との対話**」です。この2つは、順番にやってくるわけではなく、日々の中で同時に必要とされていくものです。

本書では、この「トランジション・カーブ」と「2つの対話」をグローバルリーダーの成功確率を高めるためのカギとして、たくさんの実例も交えてご紹介していきたいと思います。

では初めに、ある一人の駐在員のケースを見てみましょう。Aさんという、一人の駐在員の短いトランジション・ストーリーを見ていくことで、トランジション・プロセスの全体像を、みなさんと一緒にイメージしていきたいと思います。そして同時に、トランジションのプロセスで本書が向き合いたい問い「キークエスチョン」を提示していきます。

2 あるひとつのトランジション・ストーリー

Aさんは40代後半。製造業で技術職として働いてきました。20代で一度、海外赴任経験がありましたが、社長職としては今回が初めての赴任です。

日本ではマネジメント経験も積んできましたが、海外でのマネジメントは初めてのため、内心では多少不安も感じています。赴任先は、Aさんが日本から見ている限りでも、いろいろと改善余地のある拠点だったため、今回の自分の赴任期間中に、なんとか組織変革に貢献をして成果を上げたいと考えています。

上司からは、「君の後任は、現地スタッフのリーダーの誰かに任せられることが理想だね」と言われています。

キー
クエスチョン
1
赴任前には、どのような準備ができるでしょうか。赴任前だからこそできることは何でしょうか。

①ユーフォリア期（赴任後すぐ～2か月ほど）

意気込んで赴任したAさんですが、着任してすぐに、自分の抱いていたイメージと現実とのギャップを多く発見することになりました。

Aさんにとって赴任先は、日本にいたときから仕事上のやりとりをしていた拠点だったので、ビジネス上の課題はよく理解しています。また、組織のあるべき姿もAさんの頭の中には描けています。同時に、その地域におけるビジネスの可能性の豊かさも強く感じています。現地スタッフは、彼の着任を大いに歓迎してくれているようです。

ところが、現地スタッフの日常を見ていると、日本では考えられないような非効率な働き方をしているように見えます。やり方を変えよう、より良くしようという様子は見られず、とても保守的に見えます。

Aさんは自らに問いかけます。

「どうしてこの拠点は、こんなに非生産的なのだろうか?」
「スタッフはどのような意識で働いているのだろうか?」

> **キークエスチョン ②**
> さて、彼(彼女)はまず、何から始めるべきでしょうか。彼(彼女)のこれからの活動に、どんなリスクが潜んでいるでしょうか。

② カルチャーショック期/回復期(赴任後1か月〜6か月ほど)

それから半年間、Aさんは社員に対して組織のビジョンを掲げ、大きく方向転換することを求めてきました。ところが、数か月たっても、スタッフの動きは思ったようには変化していません。

「長年すっかり受け身で仕事をしてきたので、変わるのは難しいのだろうか？」

しばらくして、なかなか変化の兆しが見えないこの拠点の様子にしびれを切らしたのか、日本からの出張者が相次ぐようになってきました。Ａさんは、こうした出張者の対応にも追われ、思うように自分の時間をコントロールできません。業務の優先順位も崩れると同時に、拠点全体のパフォーマンスもさらに下がっているように感じられます。

そんな中で、家族が現地入りし、生活スタイルもまた変えなければならなくなりました。子供の学校が始まったこともあり、仕事以外の社会的な役割（日本人会やＰＴＡなど）も予想以上に求められるようになってきました。

「なかなか思い通りにいかないのはなぜだろうか？」

キー
クエスチョン
3

いち早く回復期を迎えるには、何がポイントとなるでしょうか。

③適応期（赴任後6か月ほど〜）

Ａさんの仕事と生活はずいぶん安定してきましたが、組織の新しい方向性に向けた現地スタッフのチャレンジングな行動はなかなか起こっていません。赴任期間も、そう長くはない中で、Ａさんは少しずつ焦りを感じてきました。

ようやく見えてきた中心人物となりそうな現地スタッフと、1対1で話をしてみることにしました。すると、社員の間で想像以上に新しい方針の理解度にバラツキがあるようです。よくよく話していくと、現地のスタッフは「新しいことを考えるのは自分の役割ではない」と思っているようです。同時に、他の日本人駐在員は「この仕事は現地スタッフには任せられない」と仕事を抱え込んでいる様子も見えてきました。

「現地スタッフと駐在員の双方に対して、今後は現地スタッフがビジネスの主役であるという認識を、どのように持ってもらえるだろうか？」

「現地スタッフから新しいチャレンジを生み出す風土を作るために、自分には何ができるだろうか？」

キー
クエスチョン
4
共創的なチーム作りに成功するために、取り組むべきことは何でしょうか。リーダーの役割とは、いったいどのようなものでしょうか。

④逆カルチャーショック期（帰任後すぐ〜12か月ほど）

数年の駐在期間を終え、帰任辞令が出ました。帰任先は、もともと働いていた部門です。上司からは、「しばらくは慣れるまで時間がかかるだろうから、ゆっくりやっていいよ」と言われています。

同期の駐在経験のないメンバーが、どんどん大きな仕事を任されている中で、赴任前とは異なる事務作業プロセスに戸惑うことも多く、キャッチアップに時間がかかります。

「元の職場に戻ってきただけなのに、なんだか前よりもパフォーマンスが落ちているよう

グローバルリーダーとして
成功するには

> **キークエスチョン ❺**
> なぜ、このように感じられてしまうのでしょうか。逆カルチャーショックを乗り越えるために必要なものとは、何でしょうか。

だ」

これは、架空のストーリーではありませんが、私のコーチング実績をふまえた「典型的な」ストーリーです。

もちろん一人ひとりが、まったく同じ経験をするわけではありません。難易度が高いシーンも、人によって異なるでしょう。

私はプロのコーチとして多くの駐在員の方の、さまざまなトランジション時期をご一緒してきました。ここから先、クライアントのみなさまの試行錯誤を共有しながら、このようなキークエスチョンに向き合うためのヒントを、ご紹介していければと思います。もしかしたら、この本には、みなさんが求めるような明確な「正解」は載っていないかもしれません。それは本来、コーチの役割は「相手に答えを与える」のではなく、「自分自身で答えを導き出すよう支援する」ものだからです。

そこには、人や組織の成長プロセスに唯一絶対の正解はない、そして、人は本質的に「自ら導き出した答え」しか実行できないものである、という前提があります。

私はその立場から、この本ではたくさんの事例や考え方のヒントを提示したいと思います。あくまで答えはみなさんの中で、みなさん自身が導き出していただきたいと願っています。

3 トランジションとは何か

あらためて、グローバルキャリアを志向する人が、まず、第一に知っておかなければならないことは、「グローバルキャリア」を選択したとき、そこには「トランジション（Transition）」というプロセスが必ず存在する、ということです。

読者のみなさまはトランジションという言葉を、これまでに聞いたことがあったでしょうか？

トランジションとは、日本語では、「過渡期、変遷期、変わり目」という意味ですが、コーチングにおいては、変化を表す「チェンジ」とは区別して捉えます。

チェンジは、その人を取り巻く状況が変わることを指しますが、トランジションとは心理的に、その人の心のありようが「完全に変化する」ことを指しています。

トランジションとは、外的な環境やできごとだけではなく、その人の内面が変化すること、その人自身の内側にある「ものの見方」全体を再定義することなのです。[1]

それは、自らが無意識に持っているものごとへの前提を見直すことであったり、優先順位を変えることであったりしま

---

[1] 『トランジション——人生の転機を活かすために』ウィリアム・ブリッジズ著（パンローリング）

す。言い換えれば、これまでのやり方を手放すことでもあります。人生の中で、人は何度か、このトランジションのプロセスを経験していきます。

たとえばそれは、学生から社会人になったときにも、多くの人に起こります。社会に出て、時間の使い方が変わり、付き合う人が変わり、学生のときにはなかったような多くの人間関係が登場する。自分のペースで進められていた生活が、そうはいかなくなる。この大きな環境の変化に、最初はうまく適応できずに、違和感を持つことが多くあります。

ある企業で事業部長を務められているクライアントは、そのときのご自身の体験をこんな風に表現されます。

「社会人になってから最初の数年間は、上司や先輩に言われていることの意味が、あまりよく分からなかった。ピンと来ていなかったものです」

たとえ同じ日本語を話していたとしても、双方の「ものの見方」が違いすぎると、話していることの意味は伝わりにくくなります。当人が、徐々に社会人としての「ものの見方」を習得していくことで、やっと何を言われていたのか、理解ができるようになるので

成功するには

す。

「あのとき言われていたことが、今になってよく分かる」。こんな体験がみなさんにもあるのではないでしょうか。

私自身が思い出す最初の大きなトランジションといえば、初めて地元を離れて、東京の中学に入ったときのことです。それまで自宅近くの学校に通っていた私は、東京の子たちばかりだった新しい環境になかなか馴染めませんでした。

中学生の女の子たちは、流行りの音楽を聴いたり、おしゃれをしたりしています。たとえば、あるとき、近くにある男子校のカバンを持つことが、大流行しました。親に買ってもらった自分のカバンがあるのに、わざわざその学校の使い古したカバンを持ち歩くのです。私にとっては、それに何の意味があるのか。どんな価値があるのか、よく分かりませんでした。

周りの女の子たちにとっては「当たり前」の価値観が、そのころの私の世界には存在していなかったのでしょう。クラスメートの輪の中に入っていけない私は、勉強もなかなか手につかず、成績は下がる一方でした。

その後、少しずつ友達ができてくるにつれて、何が「おもしろく」て、何が「かわいい」のか、日々の会話を通じて、自分の中に理解が生まれてきました。そのような理解が進むにつれて、やっと自分の居場所を作ることができたのでした。同時に勉強の仕方も分かるようになり、成績も向上していきました。

それまで持っていた自分の価値観と新しい価値観を、なんとかすり合わせながら自分の居場所を作り出そうと、もがいた日々をよく覚えています。


トランジションとは、あなたにとって「**新しい世界観を獲得するプロセス**」と言えます。あなた自身も、これまでの人生でいくつかのトランジションを経験したことがあったのではないでしょうか。学生時代であれば留学や転校をしたとき、あるいは社会人になってから就職や転職をしたときといった人生の転機を思い出される方もいるかもしれません。

もちろん、社会人として日本国内だけで仕事をしている場合でも、異動や昇格を機に、このトランジションを経験することもあります。しかし、トランジションは、そういった環境の変化によって、いつも必ず起こるわけではありません。

ところが、海外で働く場合、トランジションは必ず訪れるプロセスです。なぜなら、そこでは、あなたが生まれ育った土地で、空気のように存在していた「当たり前」のことが、あらゆるシーンで通用しなくなるからです。

4 グローバルリーダーとトランジション

日常的に「当たり前」を見直すことを迫られるグローバルリーダーには、必ずトランジションが訪れます。

たとえばひとつ例を挙げるとすると、「時間」に関する概念があります。日本は他国と比較して特に「時間の正確さ」を重視する文化を持っています。

その分かりやすい例が宅配便のきめ細やかなサービスでしょう。「時間指定」や「再配達」のサービスがあるのは、日本くらいのものです。あらゆるバスや普通電車で「時刻表」が分刻みで表示されていることも、日本ならではです。

他国ではどうでしょう。たとえば、日本とは時間感覚のギャップが大きいインドでは、「昨日」と「明日」が「ＫＡＬ」という同じ言葉で表現されます。それほどに「時間」に対するスタンスは異なります。「約束をすれば、人は時間通りに現れるものだ」という「当たり前」は、日本以外の多くの国では「当たり前」ではありません。

また、初対面でどのような会話をするかも、日本では当たり前のようなやりとりが、その土地ではとても異質に映ることがあります。

初めて会った人とは、まず名刺を交換する、天気の話をする、年齢を聞く、家族構成や結婚ステータスを聞く……。中には所属する会社の入社年次を聞く方もいらっしゃるでしょうか。

それは、日本社会では、とても分かりやすい挨拶であり、基本情報の交換になります。「〇歳だったら、このくらいの社会的な経験だろうか」などと推察をしながら、私たちは会話を重ね、関わりを深めていきます。

ところが、海外のスタッフを前にすると、このような会話の展開は期待できません。現地に行ったとたんに、相手と関係を築くための会話をすることが非常に難しい、と感じる方は多いようです。

私が香港に赴任した当初のことです。私の部下たちは、毎日のように私に「朝ごはんは食べたのか？」「何を食べたか？」と食べ物の話ばかり聞いてきました。私は初め、この人たちは、よほどの食いしん坊なのだろうか、と思ったものでした。

私は後に、それは彼らにとっては、「How are you?」の意味、つまり気軽な挨拶なのであると、広東語を学び始めてから知ることになったのでした。今、振り返ってみると、香港スタッフからすれば、「何を食べたか」を聞かない私は、とても社交性の低い、とっつきにくい人に見えていたことでしょう。

このように「挨拶」ひとつをとっても、その土地によって、異なる「当たり前」が存在しています。

こうして日常的に、日本にいたときの「当たり前」が通用しなくなったとき、多くの人はトランジションのプロセスを歩み出すことになります。そしてトランジションのプロセスでは、あなたが持っている、たくさんの「当たり前」を否定されるのです。当然ながら、あなたの中には大きな混乱が生じます。

「いったい、何が正しくて、何が正しくないのか、よく分からない」。言わば、そんな状態に陥るのです。これはなかなかに大変なプロセスです。

このプロセスを自覚していようと、無自覚であろうと、グローバルリーダーたる道を選択した人は、みな平等に、「いかにこの過程を歩むのか」を問われます。

トランジションの道は、決して平坦なものではありません。立ちすくむ人、道に迷う人、行ったり来たりする人、転んで大怪我をする人、思わず前進する人、その進み方には実にさまざまなケースがあります。

5　トランジションは飛躍の好機である

そう簡単には通り抜けることのできないトランジションのプロセスですが、あなたの「成長」という観点からすると、トランジションは千載一遇のチャンスとも言えます。それはなぜでしょうか。

私がコーチとして、ある方の支援を依頼していただくと、初めに私はその方の周囲や、経営者、人事の方にインタビューをさせていただきます。そこでは、その方のリーダーシップの現状やこれからの期待をうかがうのですが、経営者や人事の方が、次世代のリーダーに期待することは、業界を超えて、かなり似通っていると感じます。

そのほとんどは、**「視座を高める」**という言葉で表現されるのです。

「視座」とは、人がものごとを見るときの姿勢や捉え方を指す言葉です。つまりビジネスリーダーや経営人材として成長していく際にかけられる期待とは、「リーダーとしての新しい『ものの見方』『捉え方』を獲得してほしい」ということなのです。

ところが、日常生活を続けながら、この変化を手に入れることは、容易ではありません。

経営者の方に、「あなたがリーダーとして視座を高められた、ひと皮むけて成長したと感じた経験は何でしょうか」と聞くと、多くの方が、困難を乗り越えた体験を話してくださいます。苦労したプロジェクト、初めて部下を持ったとき、ここ最近では「海外駐在経験」を挙げる方も多くなってきました。60代以上の経営者からは「病気か戦争が経営者を育てる」とさえ聞きます。

それらの共通点は、それまでの「当たり前」が通用しない環境に身を置く、ということではないでしょうか。


これは、まさにトランジションのプロセスと言えます。多くの経営者が、トランジションの機会をバネにして、自らの成長につなげることで、ビジネスリーダーとしての成長を果たしているのです。

今、目の前にトランジションのプロセスを控えている、あるいはすでに迎えているみなさんは、「それならば、ぜひとも自分も、この機会を、ただの苦労体験に終わらせずに飛躍の機会としたい」、と思われることでしょう。では、どうすれば、この機会をただの困難で終わらせずに、自らの大きな成長と成功につなげることができるのでしょうか。

その重要な役割を担うのが、「2つの対話」です。次章で詳しく解説いたします。

Chapter 2

トランジションを支える「2つの対話」

本章で語ること

トランジションを成長と成功につなげるカギは「自分との対話」「他者との対話」。
他者との対話は「リスクの回避」だけでなく「可能性の追求」も可能にする。
駐在員の役割とは、すべて他者との対話を通じて実現されるものばかりである。
「対話」とは、「再解釈が起こるコミュニケーション」である。

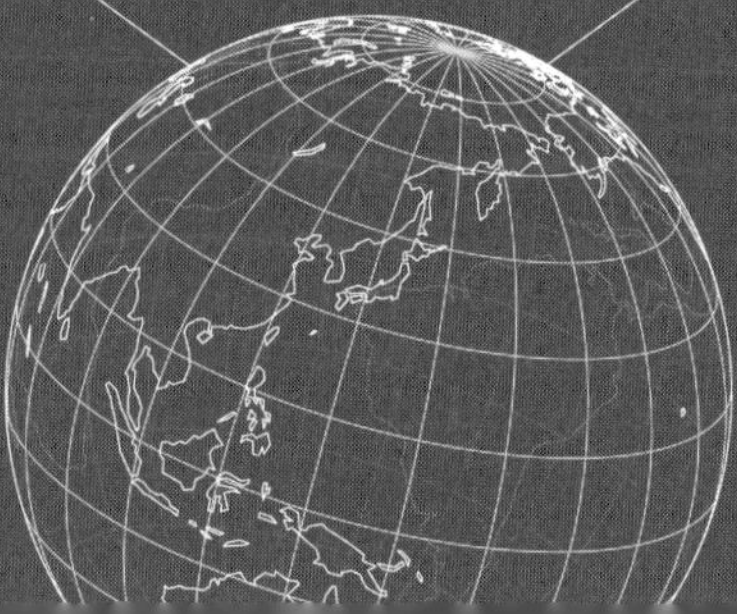

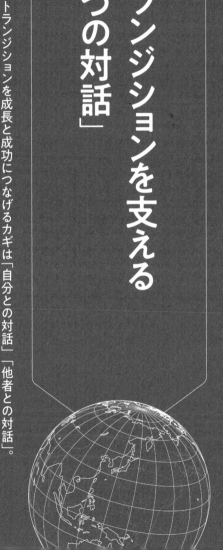

1 「自分との対話」を作り出す

トランジションの機会を、成長と成功につなげるか、あるいはただの困難や苦労体験で終わらせるか。その違いを作り出すのは「2つの対話」であると私は考えています。その1つ目は、**「自分との対話」**です。

トランジションのプロセスとは、たとえるならば目隠しをしてジェットコースターに乗せられる感覚に近いものです。

もし、あなたが目隠しをしてジェットコースターに乗ったとすると、何が起こると想像されますか?

シートに座った段階で不安でいっぱいになります。

手探りで、自分を守ってくれそうなベルトや、つかみ手を探り当てようとします。

そうこうするうちに、ジェットコースターは進み始めます。

ガタン、ゴトン、ガタン……

あなたは、黙りこくって身を固めますか。
とにかく騒ぎたてますか。
他のことを考えて気を紛らわせようとしますか。
やがて、コースターはゆっくりと止まり……突然、急カーブを下り出します！

現実世界でも、トランジションの最中には、これと同じような状態や反応が起こります。予測が困難なできごとの連続の中で、誰しも視野が狭くなり、対応が遅れがちになります。そのようなときには集中力も下がりますので、この時期は、普段は起こさないようなミスも起こしやすくなります。小さなトラブル、大きなトラブルに振り回されながら、気づいたら時が過ぎている……という状態が起こるようになります。

ところが、現実の人間の能力は偉大です。私たちは、人生の中でどんなに混乱の最中に

アソシエーション＝入り込んだ視点と、ディソシエーション＝引きの視点

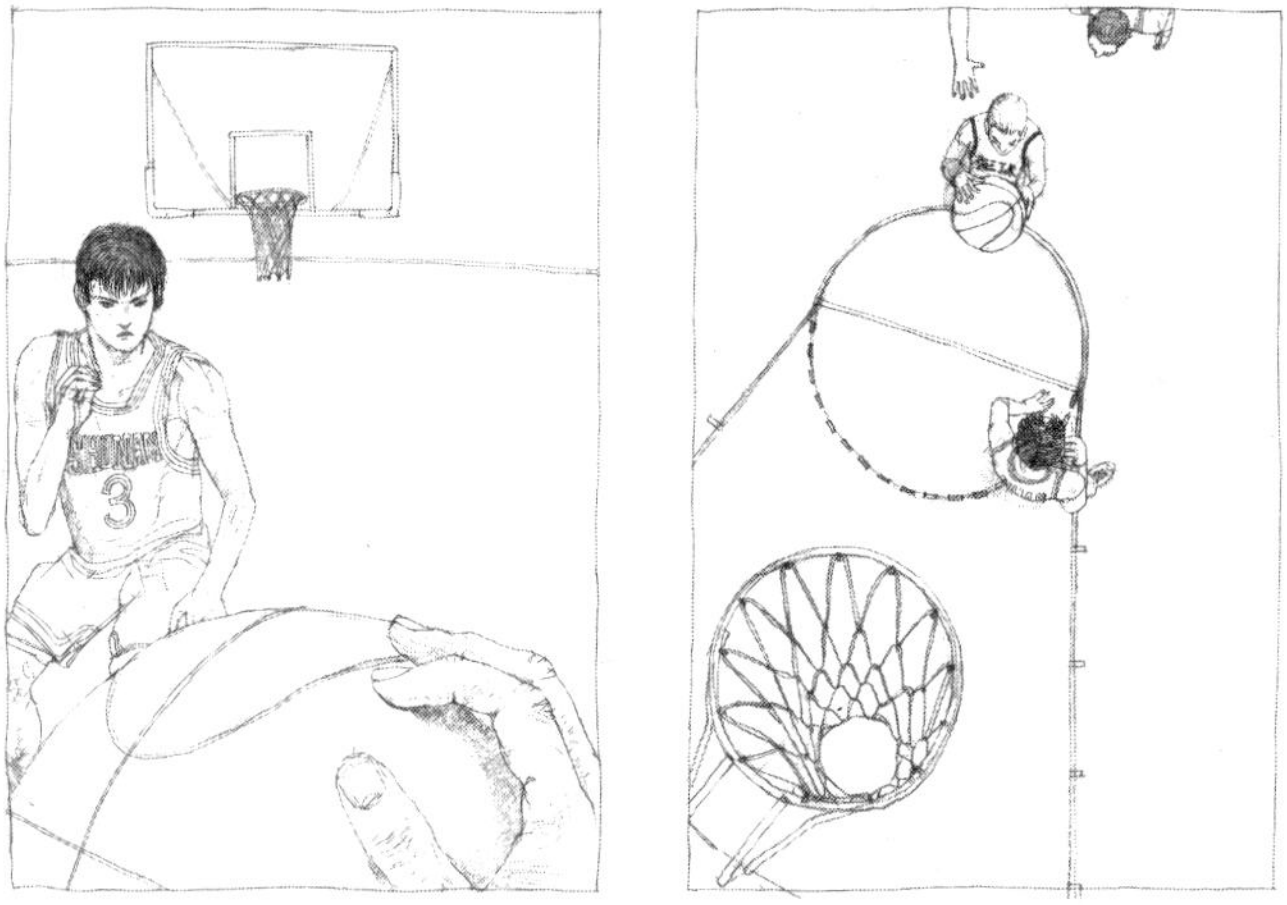

置かれようとも、「客観的に自分を見つめる」ということが可能なのです。

視野が狭くなり、余裕がないとき、人は「**アソシエーション**」という視点で状況を捉えています。そこには、自分の姿はありません。多くのことが近くに「迫って」見えている状態です。

「自分との対話」を作り出す、とは、ものごとを俯瞰して見る「**ディソシエーション**」という視点を手に入れるということです。何メートルか離れて、自分自身も含めたその景色を眺めてみましょう。

10メートル離れてみると、あなたのどん

「2つの対話」

な表情が見えるでしょうか。1キロ、10キロ離れると、周りの人との関係も見えてくるでしょうか。離れる距離によって、見えてくるものは変わってきます。

実は普段から、私たちは無意識にこの2つの視点、「アソシエーション」と「ディソシエーション」の切り替えをつねに行いながら思考しています。その切り替えをさらに意識的にすることで、自由自在に視点を操ることができるようになります。

あなたの乗るジェットコースターの長さはどのくらいでしょうか。いつのタイミングで、どのくらいのスピードで落ちていくでしょうか。安全性はどのくらいありそうですか。自分の苦手な過程は、どのタイミングでやってきますか。

たとえ目隠しをしていたとしても、それを上空から眺めて、このように状況を教えてくれる自分がいたとしたら、どうでしょうか。

次々に起こるできごとに対して予測がつき、心の準備ができます。未来への対応力が変わってくるのです。

ここでひとつ、「ディソシエーション」の視点を得るためのエクササイズをやってみましょう。

あなたが働き出してから、これまでのあなたの「パフォーマンスカーブ」を描いてみてください（図表5）。


縦軸にパフォーマンス、横軸に時間をとります。パフォーマンスの高さとは、「いかにあなたの能力が発揮できていると感じるか」です。100％の力を思う存分に発揮できているときは、高いスコアになります。中には、120％のこともあったでしょうか。

時系列的に、これまでのキャリアを思い出しながら、印象的なタイミングでのパフォーマンスの高さをマークしてみてください。そして現時点にまで進んできたら、それぞれの点を線で結んで折れ線グラフを描いてみてください。

◇あなたのパフォーマンスは、何によって高くなり、何によって下がりましたか？
◇高低差はどのくらいありますか？
◇下がってから、上がるまではどのくらいの期間がかかっていますか？

図表5 パフォーマンスカーブを描いてみよう

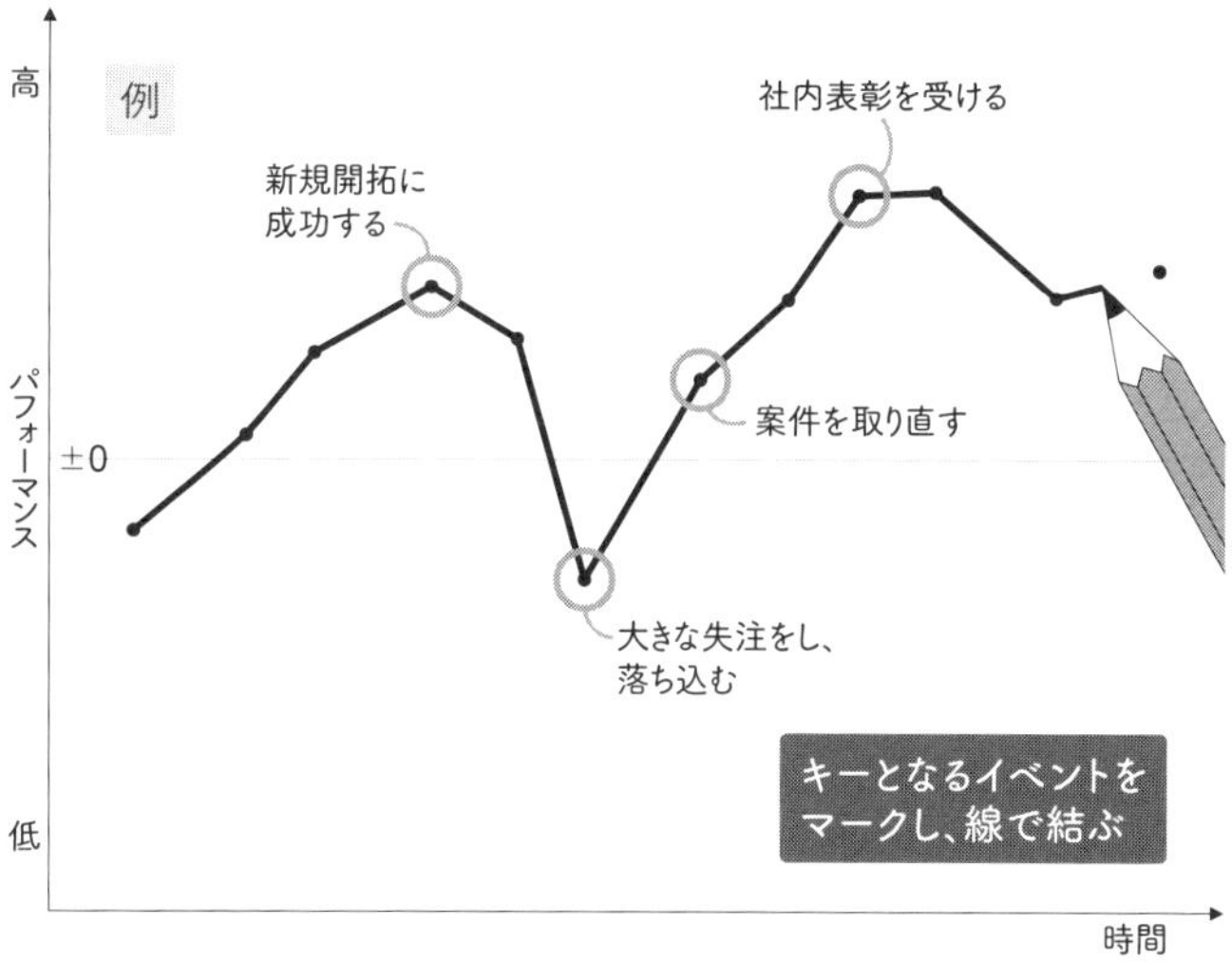

◇上がるためには、何が必要だったのでしょうか？
◇これまでに新しい世界観を得るようなトランジションは体験していますか？
◇そのときに、あなたに何が起こりましたか？
◇何があなたのトランジションを前進させましたか？

これは、ディソシエーションの視点を作り出すためのひとつの手法です。こうすることで、自分の長い仕事経験を、小さく遠くに眺めることができます。距離をとって、自分を見つめてみることによって、何が見えてきましたか。今の時点で、あなたのトランジションについて、どんなことが予測できるでしょうか。

このように、意識的にディソシエーションの視点を持つことで、「自分との対話」を、効果的に作り出すことができるのです。そして、その効果的な「自分との対話」は、あなたに新しい視点や、可能性・リスクなどを予測する力をもたらしてくれます。

トランジションの最中において、こういった手法を用いて、いかに効果的な「自分との対話」を作り出すことができるか。これが、あなたのトランジション・プロセスを支え、大きな成長機会につなげるカギのひとつです。本書の中では、このディソシエーションの視点を得るための方法を、この後にもいくつかご紹介していきます。

そして、トランジションの成功を支える対話は、もうひとつ存在します。

2 海外駐在経験者100%が「あってよかった」と思ったものとは何か

さて、ここであらためて考えてみていただきたいのですが、あなたは、海外での仕事を成功させるためには、何が「もっとも必要」だと考えますか？　あなたの仕事を、うまく成果に導くものとは、いったい何でしょうか？

海外駐在経験者に「あってよかったもの（あるいは、もっとあればよかったもの）」を聞くと100％「YES」と回答されるものがあります。

それは「**対話力**」です。先述した「自分との対話」ではなく、これは「**他者との対話**」を作る力です。そして、これは外国語を話す力を指しているのではありません。

私はコーチという仕事を始めて10年以上になりますが、仕事柄、「他者との対話」を作り出すためのトレーニングを、毎日続けています。いまだに課題は山積みではありますが、10年前の自分と比較をすれば、自分自身の成長を感じられます。

「人生のあらゆる問題は、対人関係の問題である」とは、オーストリア出身の精神科医で心理学者のアルフレッド・アドラーの言葉です。[2] そして、対人関係に影響を与えるものは、「他者との対話」に他なりません。

私自身、対話力が高まったことによって、プライベートも含めて、「役に立った」と感じることが、この10年で数多くありました。そして3年前には、「役に立った」を超えて、「救われた」と痛感するできごとがありました。

それはヨーロッパへの出張の途中、ドバイ空港でトランジットをしている最中のできごとでした。

午後3時ごろ、次の目的地へ向かうフライトをロビーで待

2『嫌われる勇気』岸見一郎、古賀史健著（ダイヤモンド社）

その時、ドバイ空港はカオスの状態だった

(photo/Nur Photo/Getty Images)

っていると、ふと、電光掲示板から自分のフライトの表示が消えていることに気がつきました。

空港内のアナウンスには、特別なものは何もありません。しばらく様子をうかがっていると、電光掲示板から、他のフライトの表示も次々に消えていきました。

「これは何事だろう」と周りの人たちの動きを見ていると、どうやらその空港内で、不時着事故が起きたようなのです。周囲の人たちの会話から、その不時着事故によって空港内で大きな火災が起きているため、全フライトが中止となった、と漏れ聞こえてきました。

そこからさらに2~3時間が経過したところで、その日中のフライトは見込めないことが分かってきました。

それまではただ様子を見ていた私は、重い腰を上げて、今後の対応策を相談しようと航空会社のカウンターに向かうことにしました。すると、そこにはすでに人だかりができています。50メートル先にあるカウンターが見えないほどに、たくさんの人が殺到していました。

「これは大変なことになった」。そこで私は初めて事態の深刻さに気がつきました。

ドバイ空港は、一大トランジット空港ですので、そこにはあらゆる人種が渦巻いていました。カウンタースタッフと話すために、行列に並ぶ人もいれば、並ばずにカウンターへ突き進む人もいます。人だかりもどんどん大きくなり、状況は、ますます混乱していきます。

「不時着事故による火災」とは分かっても、それが事故なのかテロなのか、二次災害の可能性はあるのかないのか、何のアナウンスもない。その不安も加わり、夜9時を過ぎたこ

「2つの対話」

ろには、そこはまさに「カオス」の状態になっていました。

空港スタッフに対して怒り叫ぶ人、乗客同士でケンカを始める人、長々と交渉する人、祈り出す人、泣き出す人……。

だんだんと不安が増してきた私は、より詳細な情報交換が必要だと考え、日本人を探してみましたが、まったく見当たりません。

たった一人で当てのない土地の、混沌とした空港。次に何が起こるのか、予測もつかない。

あなただったら、ここからどのような行動をとると思いますか。

私は、周りの状況に圧倒され、しばらく立ちすくんでいました。それから、ひとつの選択をすることにしました。

さまざまな声が飛び交う中で、自分はコミュニケーションのあり方を選択しよう、「質問」と「ねぎらい」を選択しよう、と決めたのでした。

さっそく、近くにいる英語が通じる乗客に、質問をし始めました。

「今はどうなっていますか」「何かオプションが提示されていますか」「何か新しい情報はありますか」「事故の原因は何でしたか」……。

次は、ねぎらいです。「どのくらい並んでいますか。立っていられますか」「本当は、どこへ行こうとしていたのですか。それは残念でしたね」……

下手な英語でも話しかけていると、日本人女性が一人、ということが珍しかったのか、周りの人々から、少しずつ情報が入ってくるようになりました。

「無料で空港が食事を負担してくれる。バウチャーがあそこでもらえるらしいよ」

「あそこに行けばお水をもらえるよ」

「テロじゃなくて、ただの事故だったらしい」

「君、日本人？　韓国人？　目的地はどこなの？　チケット見せてみて」

夜中の12時を回ったころ、列ともいえないような列を何度か並び直し、1時間で3歩ほどしか進まない行列にくたびれ果てていました。

「あきらめて、柱のそばで、寝てしまおうか……」と思い始めたころでした。少し前に会話を交わした乗客の一人がふと声をかけてくれました。「君のフライトだけど、あの列に並ぶといいみたいだよ、一緒に行こう」

新しい列に一緒に並びながら、カップルで旅行している彼らは、以前に日本に行ったことがある、と話していました。「君の航空券だと、明日の代えのチケットがもらえればラッキーだね」。途中、一緒に列に並びながら、「君、抜かされているよ」。何かを叫びながら、割り込もうとする人たちに、「彼女のほうが先だ、後ろへ並べ」。私に代わって、多くの交渉もしてくれました。

そうこうするうちに、やっとのことで、カウンタースタッフと言葉を交わすことができる順番が回ってきました。見るとカウンタースタッフも、かなり疲労困憊の様子です。私のチケットを力なく受け取ると、パソコンに何やら打ち込むだけで、目を合わせようともしません。おそらく何時間も何時間も、クレームや罵声を浴び続けてきたのでしょう。私は、声をかけてみることにしました。

「あなたは大丈夫?」

「……」

「今日は、アンラッキーだったね」

「……（ただ首を振る）」

「明日には状況が良くなるよ。もう少しだけの辛抱だね」

「……」


数分の作業ののち、無造作に、明日の新しいフライトチケットがカウンターに置かれました。私はそれを受け取って、「ありがとう」と立ち去ろうとすると、スタッフが顔を上げて言いました。「待て、ホテルも手配したから、ここに行け」。そう言いながら、バウチャーも加えてくれました。そのとき、初めてスタッフと目が合うと、少しだけ、微笑んで手を振ってくれました。

手伝ってくれたカップルにもお礼を伝えて、私は大混乱の空港を後にし、その日は空港近くの綺麗なホテルに1泊することができました。

空港のイスか床で、一人一晩過ごすことを覚悟していましたので、これはありがたいことでした。

さて、私を救ったものは、何だったのでしょうか。

今となっては、私の「質問」と「ねぎらい」という選択が、この結果を導いたのかどうか、証明のしようはありません。しかし、明らかに自分の手に入れたいものを、かなり困難な環境で手に入れることができた。それは、「対話」のおかげであった、という実感が私にはありました。

もし、コーチングを学ぶ前の私だったら、誰彼かまわず一生懸命に交渉をしたり、主張せねば、と必死になって大きな声を出そうとしていたか、あきらめて座り込むか、のいずれかだったのではないか、と思います。

「質問」と「ねぎらい」をする。**誰かとの「対話を作り出す」という新しい選択肢を持つことで、違う結果を手に入れることができた。**そう実感したできごとだったのです。

読者のみなさまは、ここまで混乱した場所で、日々仕事をするわけではないでしょうが、海外で、知り合いのない土地で仕事をするということは、こうした状況に近いものがあります。

あるとき、30年間、香港で仕事をされている日本人の方がこうおっしゃっていました。「30年間、いろいろな日本人を見てきましたが、新しい土地に来たとき、『分からない』『助けてください』と言える人は大丈夫なんです。一番心配なのは、殻に閉じこもって、黙り込んでしまう人ですね」

いかに混沌とした状況にあったとしても、人とのつながりを作り出す「他者との対話」は、ビジネスリーダーにとっては、「命綱」ともなるのです。これが、トランジションを成功させる、もう一つのカギといえます。

そして、先の個人的なエピソードで挙げたようなことが「他者との対話」によるリスクの回避だとすると、「可能性の追求」を目的とした場合もまた、「他者との対話」が重要になります。

Column

海外駐在経験者へのインタビューより

製造業、商社、小売り、サービス業など、さまざまな業種・地域で駐在を経験された方にうかがいました。

質問「海外赴任経験を振り返って、『あってよかったもの』は何ですか？」

全員の方が必ず触れられたのは、本文でも登場する通り、「対話力・コミュニケーション力・対人関係構築力」でした。

ここでは、他にはどんな項目が登場したのかをご紹介します。

▼海外の日本人社会について・日本人のネットワーク

「海外の日本人社会は、いろいろなバックグラウンドの人たちが、小さな社会を構成していることを知っていると良かった。狭いネットワークなので、公私ともにお付き合いをすることになる」

「大学のＯＢ（卒業生）ネットワークや、友人から紹介された知人が一人でもいるだけで、情報量が大きく異なったので、とても助けられた」

▼生活基盤の整え方

「生活の立ち上げには、誰でも苦労するので、どこに住むと良いのか、何をどこで買うことができるのか、などの基本的な情報があるだけで、最初のころの仕事のパフォーマンスが変わったと思う」
「現地の法制度、特に税制などを最初に押さえておく必要がある」
「万が一、危ない状況に陥ったとき、緊急事態への対処法を知っているだけで、安心して仕事ができる」

トランジションを支える「2つの対話」

▼ 赴任先、もしくは自国に関する背景知識

「宗教などに関するタブーや常識的な行動は、現地では当たり前すぎて教えてもらえないことがあるので、事前に知っておきたい」

「日本の歴史や政治・文化に関して質問されることが多いので、認識を深めておきたい」

「赴任先の文化や風習、歴史について、知れば知るほど、よりその国に興味が湧き、赴任期間が充実する」

▼ 前任者の意図や視点・考察

「前任者がどんな意図で何をやってきたのか、そのストーリーをしっかり聞いておけば良かった。相手が帰任してしまうと、ちょっとしたニュアンスのようなことは聞くことができない」

「前任者の視点では、これからこの組織の何を変えたほうが良く、何を変えないほうが良いと思うか。あくまで参考ではあるが、それまでのリーダーの視点を聞

海外駐在経験者へのインタビューより

いておくことで、社員ともコミュニケーションがスムーズになる」

▼**現地ビジネス環境の知識**

「現地の取引先や社員とのネゴシエーション方法。日本との違いは最低限知識として持っておきたい。日本ではあり得なかった交渉ごとがあった」

「現地の外国人上司がいたが、最初のころは付き合い方が分からなかった。特に、日本ではあまりないパーティでの立ち居振る舞い方や礼儀に戸惑った」

「現地でのビジネスネットワークの作り方が分からず、最初は日本人とばかり付き合ってしまった」

▼**日本本社からの期待**

「日本本社と、現地ビジネスのチャンスとリスクをしっかり共有しておくことが大事。これは常に変動するので本社とのコミュニケーションは赴任してからも意識的に継続しておくべき」

「外国での生活は、精神的に誰でもきつくなることがあるので、最初から強がらずに本社にも支援を求めること」

「トランジションには思っていた以上に時間がかかるが、会社から許されている時間の猶予は短いという事実を知っておきたかった」という方もいらっしゃいました。こういったことも、周囲との対話が十分にあれば、カバーできるのかもしれません。

3 「可能性を追求」するための武器

では、「可能性を追求」するための「他者との対話」とは、いったいどのようなものでしょうか。

まずは、グローバルビジネスの場に思いを馳せる前に、日本の職場における「対話」の現状について検証してみましょう。私たちは日常の仕事場面では、どのような「他者との対話」を作り出しているでしょうか。多くの駐在員の方は、管理職・リーダーとして赴任されますので、ここでは職場における「上司と部下の対話」に着目して見ていきましょう。

まず、現代の企業で働く多くの日本人リーダーが、「プレーイング・マネジャー」であることは、みなさまが実感するところではないでしょうか。そして、リーダーという役割を担っている方のほとんどが、あるビジネス分野での専門性や実績を認められて、そのポジションに就かれているはずです。

ここに「コーチング研究所[3]」による調査結果があります。

3 コーチング研究所は、株式会社コーチ・エィのリサーチ・研究部門。リーダーシップをはじめ、業績向上を実現するための「人と人」の関係性に着目したリサーチ・研究を行う。のべ50万人以上のリサーチ実績を持つ。

図表6 **課長への昇格理由のトップは「業務実績」**
～「あなたが課長へ昇進したときの理由は何だったと認識していますか?」への回答

	1位	2位	3位
課長（n=124）	業務実績 …63%	アカウンタビリティの高さ …27%	仕事への情熱 …23%
部長（n=88）	業務実績 …58%	アカウンタビリティの高さ …47%	仕事への情熱 …27%
経営層（n=30）	業務実績 …67%	アカウンタビリティの高さ …40%	仕事への情熱 …27%

（出典）コーチング研究所「管理職に求められている能力についてのアンケート調査」

図表6をご覧の通り、どの階層においても、昇格した理由に「業務実績」が選ばれています。現場で結果を出しているプレイヤーが、その延長線として、マネジャーやリーダーとしての役割を担っていると言えます。この傾向は、昨今の「プレーイング・マネジャー」という現象によって、さらに強まっているようです。

そんな日本における上司・部下の対話の特徴は、どのようなものでしょうか。

図表7を見ていただくと分かる通り、各国と比べても、日本は上司と部下の関係における「良好度」「会話の充足度」が、残念ながら共に非常に低い結果となっていま

図表7 日本の上司部下間の「会話の充足度」と「良好度」は国際的に低い

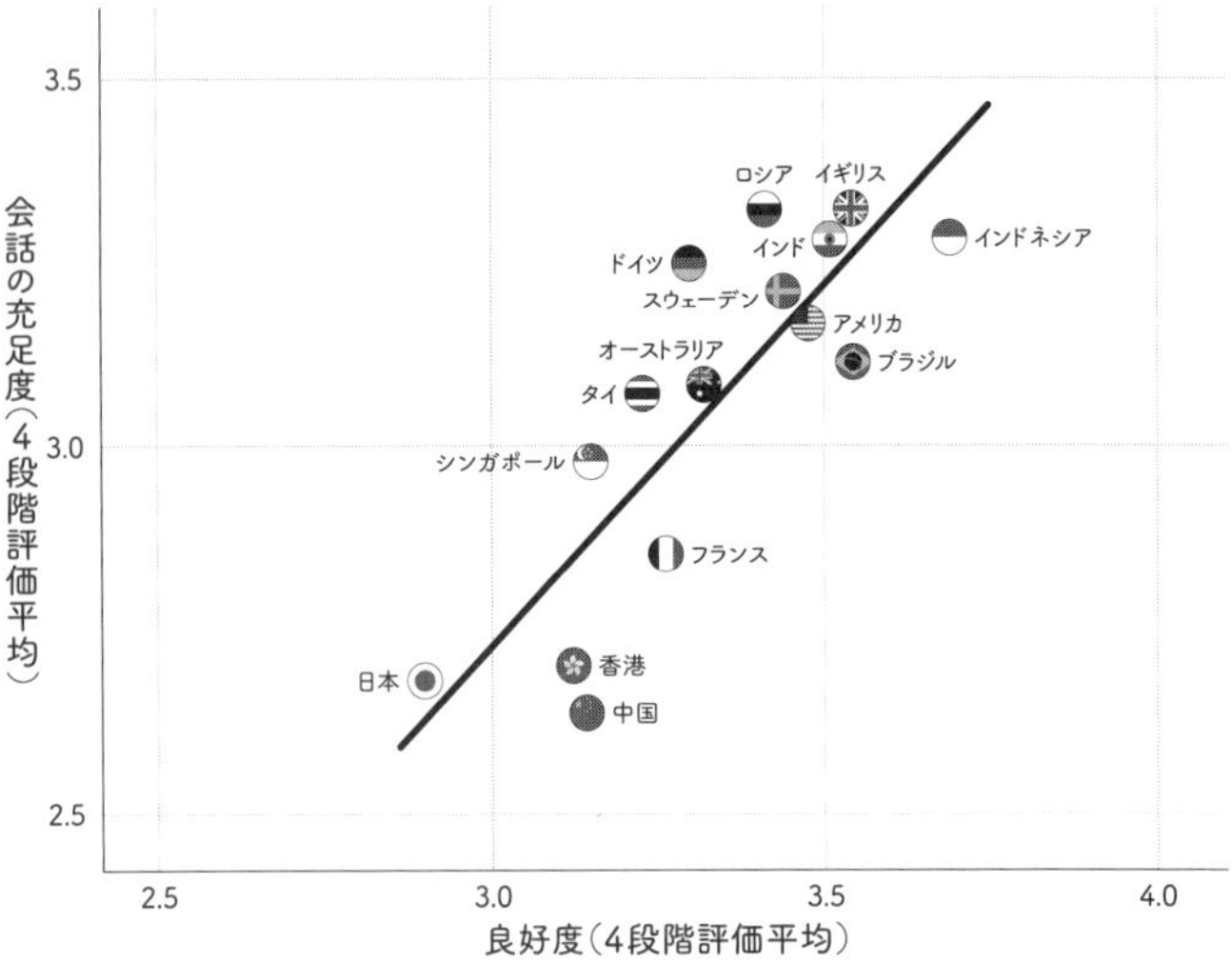

（出典）コーチング研究所「『良好度』と『会話の充足度』の関係」

図表8 上司と部下が話す割合

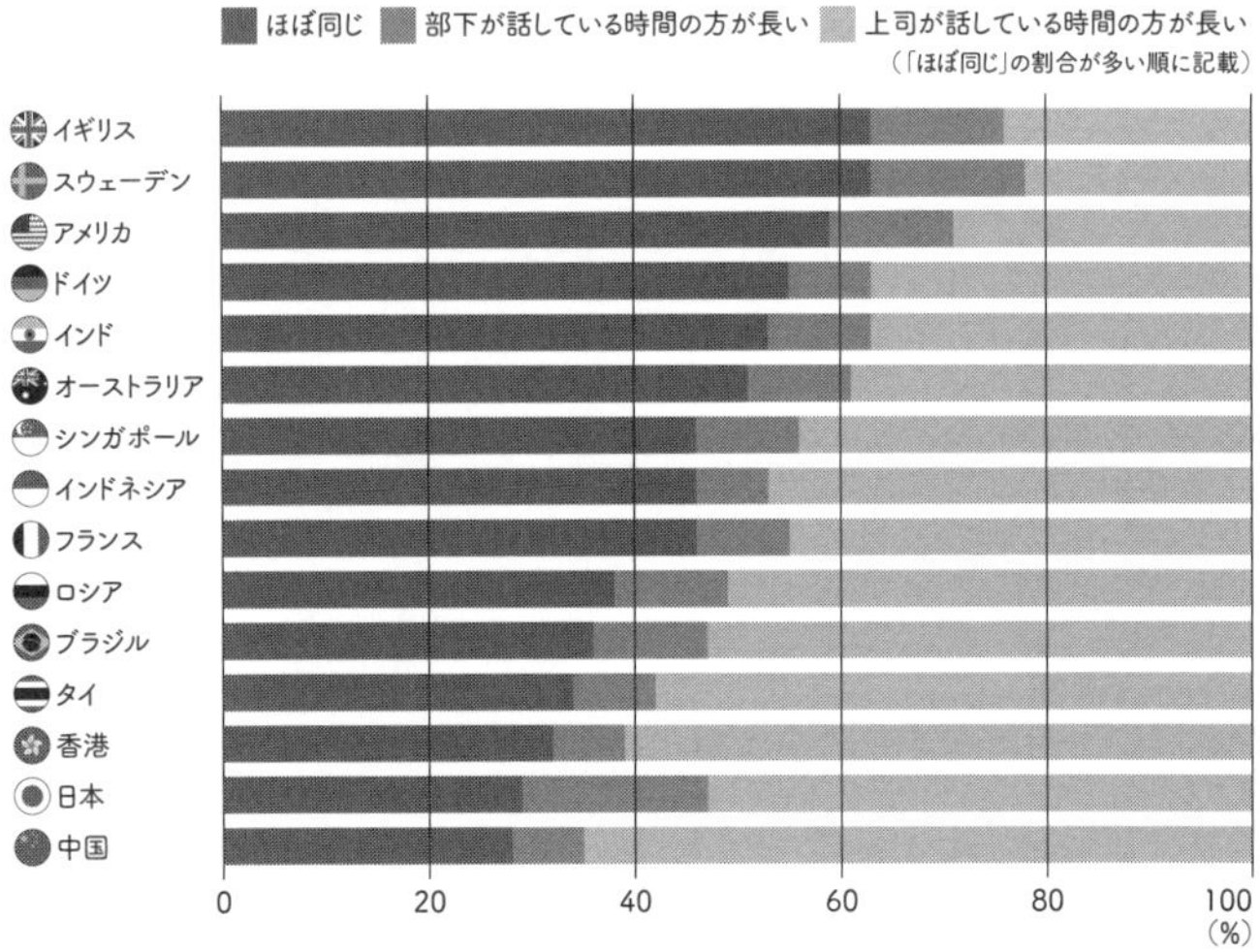

（出典）コーチング研究所「各国の『上司と部下の関係における良好度』」

「2つの対話」

す。また、一連の調査からは、会話の頻度は多いものの、上司側が話している割合が多い、という日本の上司・部下の傾向も明らかになりました。

このデータからは、仕事を「知っている上司」が「知らない部下」に、具体的な指導をしている姿が目に浮かびます。さまざまな企業でお話をうかがっていても「良きプレイヤー」であることが、「良き上司」であると捉えられる傾向は根強くあると感じられます。

では、ここで少し想像してみてください。あなたがリーダー・管理職として、これまでに実績のない分野（営業部門であれば開発部門など）に異動したとします。異動先の部下たちは、その道の専門家ばかりです。その新たな部署で、あなたが自分なりにとても良いアイデアや戦略を持っているとしましょう。

異動して早々、その部署の社員たちに「私に良いアイデアがある。これをやってみないか」と呼びかけます。さて、その際に、何人ぐらいの社員が「いいですね、一緒にやりましょう」とついてくると思いますか？

一人か二人はついてくるでしょうか。表面的には賛意を示し、ついてくるかもしれませんが、実際には行動に移さないかもしれません。多くの場合、「お前に何が分かるのだ」

と内心思われてしまうのが関の山ではないでしょうか。

そもそも、その分野の門外漢が、新しいアイデアなど言えやしない（思い付きもしない）だろう、と考える方もいるかもしれません。これは、上司側も部下側も、「プレイヤーとしての豊富な業務経験によってマネジメントは成立する」という強い前提があるためです。

このような日本の「管理職」が置かれている環境が、実は日本人駐在員の多くの悩みのタネになっています。

海外で、外国人であるあなたが現地スタッフとともに仕事を推進するということは、実際には先述のような「門外漢がリーダーになる」状態に近いと言えます。

あなたが「外国人」である以上、その土地のビジネスや人的ネットワークにおいて、現地社員を上回ることは、よほどの年月をかけないと難しいものです（20年、30年とその土地に住んで、成功をされている日本人もいらっしゃいますが）。

また、ある駐在員はこう話します。

「2つの対話」

「現地で事業を育てようと思うなら、現地社員の生活の中にある、彼らの判断基準にしか答えはない。そこで実際に生活している人たちが感じている『何か』がないと、マーケットには通用しない。何よりも彼らの生活者としての視点が大事なのだ」

つまり、あなたが「プレイヤー」としての役割にいかに徹したとしても、上げられる成果は限られている、ということなのです。

ところが「現地社員には仕事を任せられない」とばかりに、朝早くから夜遅くまで、土日も出社して、プレイヤーとしての仕事に明け暮れる駐在員リーダーは少なくありません。日本で「プレーイング・マネジャー」として活躍していた方は、特にその傾向が強くなります。多くの方が、日本で培われた「プレイヤーとしての実績がなければマネジメントはできない」という思い込みにとらわれているのです。

もし、あなたが、限られた駐在期間のうちに、いち早く成果を出したい、あるいは新たな事業を生み出したい、と考えるならば、あなた自身の役割を見誤ってはいけません。

あなたがプレイヤーとして、できる範囲で仕事をすることは、短期的な業務処理としてはスピードを上げることができるかもしれません。しかし、多くの現地スタッフが生み出す新しいビジネスの可能性の大きさとは、比較になりません。

では、駐在員リーダーが本当に担うべき役割とは、どんなものがあるのでしょうか。

◇現地社員の能力やキャリアを開発する。
◇本社の文化を現地に共有し、その土地で組織文化を作り出していく。
◇現地スタッフが本社のリソースを活用できるようにする。
◇本社と現地ビジネスの方向性を合意し、協力をとりつける。

…………

さて、お気づきでしょうか、これら駐在員リーダーの役割とは、すべて「他者との対話」を通して実現できることばかりなのです。

駐在員の果たすべき役割を正しく認識すること。その役割を十全に果たすために「他者との対話」を作り出す力がどれほど備わっているかということ。このことが、海外現地での仕事の可能性を大きく左右すると言えます。

そのパワーの違いを、私にハッキリと見せてくれた駐在員リーダーが、中国華南地域にいらっしゃいました。

中国華南地域は、中国4大都市のうち深圳・広州の2つが存在し、目覚ましい成長を続けている地域です。

多くの日本企業が進出をしていますが、実際に経営に携わる方々へお話を直接うかがってみると、各社の現状にはかなり差があるように感じられました。中には、まもなく撤退を余儀なくされるという企業もありました。その一方で、毎年50%の成長をさせ、数年でゼロから数百億円のビジネスにまで成長を遂げた企業もあったのです。

私は、後者の総経理（社長）であるBさんにお会いしたときに、海外赴任者の「対話」による可能性を、さらに確信できるようになりました。

最初にBさんにお会いしたとき、彼は2時間ほどかけて、彼の会社のビジョンを語り聞かせてくれました。それは長い巻物のような年表になっていました。

私が大変興味深かったのは、そこにはビジネスの戦略とともに、人とチームの成長が描かれていたことでした。

何か月後に、この人がマネジャーに昇格して、こういうチームを作って、彼はこういう知識を得て、給料はこのくらいに……と、彼の物語には一人ひとりの成長のイメージがかなり具体的に描かれていました。

Bさんはこう語りました。

「中国ではとくに、社員に対するメッセージ発信やビジョンが大切だと思っています。私は2020年までに、この会社の売上を『2倍以上にする』という経営計画を立てました。そしてそのための戦略を、つねに全員に共有し、さまざまな機会で繰り返し話しています。

「2つの対話」

同時に、『これを達成して、自分の給料を2倍にしたらいいじゃないか』とも伝えています。ここまでに実際に実現した社員もいますよ。『この人についていけば給与が倍になるだろう』と社員に希望を持たせることが大事だと思っています。

この資料は、日本の役員にも、いつも見てもらっています。今、なぜこの投資をするのか、それはどこに向かうためなのか。繰り返し対話することで、日本本社からの支援も確保できています。

私から社員に対して何かメッセージを発信するときには、いつも『現地社員の成長』を中心にして話します。『みなさんの力をより高めたい』と話すようにしています。そのように対話していくことこそが、自分の仕事です」

一度、その方が開く社内のミーティングに参加させてもらいました。そのミーティングの特徴は、とにかくたくさんの「笑顔」が見られるということでした。これは、現地スタッフと駐在員が参加するミーティングでは、とても珍しい光景でした。ほとんどの参加者は、20代、30代の中国人でしたが、総経理であるBさんの発信に対して、質問もたくさん飛び交います。それぞれが口々に「自分がやりたいこと」を発言していました。総経理が心を尽くして築いてきた組織文化がそこに垣間見られました。

この会社のビジネス上の大きな成功は、日系企業との取引ではなく、中国現地のその地域を代表する大企業との主要取引が実現したことにありました。それをリードしたのは、30代の中国人スタッフだったのです。顧客との交渉はかなり困難だった、と聞きました。

後にその中国人スタッフから、総経理との対話、そして職場の様子を教えてもらうことができました。

「中国で競争に勝ち抜くには、他人に頼るのではなく、現地スタッフがリーダーになり、自分の頭と体を動かしていく必要があると元々思っていました。ですが、社内に経験者が少なく、結局、メンバーも日本人駐在員や上司に頼っていたのです。上司の指示を待ち、指示通りに動こう、という姿勢が多かったと思います。

トランジションを支える「2つの対話」

今の総経理になってから、チームは変わりました。今は、彼ら（中国人スタッフ）が自ら問題解決の方法を探っています。自分の力で提案する力もアップしてきました。『このように問題を解決したい』という提案が、彼らから出てくるのです。これは総経理と一緒に、自分自身も部下と対話をしていく、自分が上司として仕事の問題解決をしてあげるだけではなく、相手の『成長』を目的にして対話をする、ということに取り組んだことが大きかったです。

人の意識を変えるということは、とても難しいものです。周囲の環境、自分が成長してきた経緯、さらには家庭の環境までが影響していますから。

おそらく、（中国人スタッフの変化は）上司である自分の話し方が変わったことが影響したのだと思います。以前だったら、『部下が相談に来て、自分が答えを与える』というだけだったのが、今は本人の意見をよく聞くようにしています。たとえ本人のアイデアの成功確率が低そうに見えたとしても、本人が考えてきたのであれば、まずはやらせてみます。結果的には、どんな状況になろうとも、言い出した本人がなんとかうまくいくように粘りますし、体験からの学びは得がたい成果です。そのような私の態度の変化が、本人たちの意識を変えていきました。やはり、自分も含め、ポジションが高い人の話し方は、周囲だけでなく、組織文化全体にも影響を与えていると思います。

私自身も、お客さんとの難しいやりとりの中でも、感情的にならず、粘り強く、冷静に対応できるようになってきました。中国の現地企業とのやりとりは、タフなケースも多く、日本企業のやり方とまったく違うので、相手の要求に応えられなくても、粘り強くやりとりしなくてはいけません。

（中国人）メンバー間の関係も変わりました。以前は、お互いに問題解決しようと思うあまり、喧嘩も多かったように思います。今は、会話のやりとりの質が変わりました。互いに言いたいことを言い、意見が一致するまで会話を続けることができていきます。こういうことも、将来的には、他社との差別化になっていくのだと信じています」


これは、総経理のBさんが、6年間かけて作り出した結果でした。初めは、駐在員リー

「早く行きたいなら一人で、遠くへ行きたいならみんなで行け」

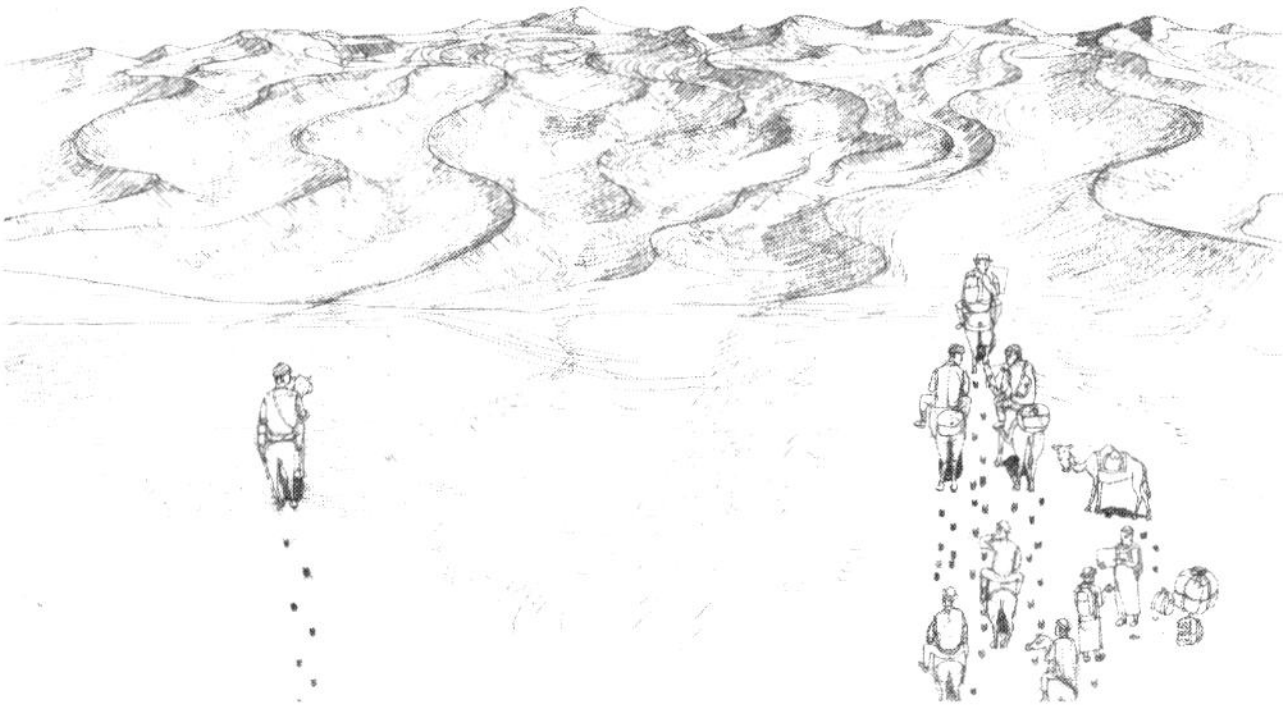

ダーとその部下から始まった対話。その駐在員リーダーの姿を見て、現地スタッフ同士の対話のあり方も変わっていった。それが結果として、チームの力を高め、業績にもつながっていったのでした。

「早く行きたいなら一人で、遠くへ行きたいならみんなで行け」

(If You Want To Go Fast, Go Alone. If You Want To Go Far, Go Together.)

これはアフリカのことわざです。

「他者との対話」は、あなたがリスクを回避することを助けてくれるだけではなく、より大きな事業の可能性を追求するエンジンとなるのです。

4 いくつの「違い」がそこにあるのか

そして、グローバルトランジションにおいて、「他者との対話」が必要不可欠な理由がもうひとつ挙げられます。

日本のマネジメントが好んで使う言葉には、次のようなものが聞かれます。

◇背中を見て育つ。
◇阿吽の呼吸。
◇一を聞いて十を知る。

つまりは、「話さない」ことに価値や美徳を見出すような言葉が、とても多いのです。

みなさま自身の中にも、知らぬ間に心に抱いているこのようなマネジメント上の理想像があるのではないでしょうか。

しかし、これらの「理想像」は、海外においてはほとんど実現不可能です。

なぜならば海外では、国文化はもちろんのこと、性別や年齢など、これまでのあなたの職場にはなかったようなさまざまな「違い」を持つ相手が圧倒的に多くなるからです。その「違い」の種類は、一つや二つではないでしょう。

あるマレーシアの製造業で働く駐在員リーダーCさんは、日本の職場では、9割が男性社員でした。ところが、赴任した先では、6割が女性だったそうです。国による文化の違いだけではなく、女性のマネジメントについても、同時に苦慮されていました。

タイに駐在されていたDさんは、長期の休暇後に、一人の社員が突然出社しなくなり、とても心配されていました。しばらくしても出社の様子が見えないので、周りの同僚に確認をとることにしました。すると「ああ、あの人なら出家しましたよ」とあっさり言われて、大変驚いたそうです。仏教大国であるタイにおいては、出家はとても身近な人生の選択肢であり、それを理由に退職する場合は、会社は引き止めることはできない、というのが一般的なのだそうです。

このようないくつもの「違い」が存在する中で、「阿吽の呼吸」を実現するのは難しいことでしょう。

アメリカやイギリスのような多民族国家では、幼いころからこのような「違い」のカテゴリーを多く包含した多様性の高い環境で育ちます。「違い」があることが前提なので、常にお互いの「違い」を意識し、前提を見直しながら、ものごとを進めざるを得ない。そうやって「違い」をマネジメントする力が自然と鍛えられてきています。

残念ながら、日本では、そのような環境はまだまだ少ない状況にあります。

自分の考えを言葉にして伝える。そして相手にも考えを話してもらう。両者の解釈をすり合わせる。こういった「対話」の努力を、他国のリーダー以上に、グローバル環境における日本人リーダーは求められています。

あなたが行く先の現地には、どのような「違い」の種類がありますか？

今までのあなたにとっては接点がなかった「違い」の種類はどのくらいあるでしょうか？　この「違い」については、あらためて後述します。

このような「違い」の種類にも目を向け、多くの「違い」を互いに認め合いながら、目的に向かって最大速度で前進していくためには、彼らとの「対話」は欠かせません。もし、このような「他者との対話」を作る力が備わっていれば、それはあなたにとって大変心強い「武器」になると言えるでしょう。

あらためて、「自分との対話」「他者との対話」、この「2つの対話」が、グローバルリーダーとしてのトランジションの成功を支える大きなカギであると私は考えています。

5 トランジションのプロセスで求められる「対話」とは何か

ここまで、グローバルリーダーにとってのトランジション、そしてそれを支える「2つの対話」の重要性について述べてきました。ここで、本書で申し上げる「対話」とは、そもそも何を指しているのかを、明確にしておきたいと思います。

まず初めに、当たり前のことですが、対話とは、人と人とが向き合って初めて生まれるものです。一人ではできない、相手がいて初めて成立するものです。

相手が必要な、言葉のやりとりのことを、私たちは「コミュニケーション」とも言います。「対話」はコミュニケーションの中の、ひとつの種類と言えます。

2人で言葉をやりとりするコミュニケーションには、実にいろいろな種類があります。挨拶、雑談、おしゃべり、議論、ディベート、意見交換、ヒアリング、説得、交渉、報告・連絡・相談、言い合い、話し合い、すり合わせ……。

丁寧に観察をしていくと、あなたが朝起きて、眠りにつくまでの活動中に、実にさまざまな種類のコミュニケーションを交わしながら、生活をしていることに気がつきます。

あらためて、私がここで定義したい「対話」とは、**「そこに『再解釈』が起こるコミュニケーションである」**ということです。詳しく説明しましょう。

私たちは、あらゆるものごとに対して、それぞれ自分の「解釈」をしています。たとえば、「りんご」ひとつをとっても、ある人にとっては「朝食べると体に良い果物」であり、ある人にとっては「懐かしい田舎の景色を思い出すもの」なのです。人は「解釈」をすることで、それぞれに自分なりの意味付けをして、ものごとを理解し、自分の世界観を作り上げています。

その「解釈」は、全員に統一された、唯一絶対の正解があるわけではありません。また、一人の中にある「解釈」も、一生涯にわたって固定されるものではなく、つねに変化し続けるものです。

一人ひとりが持つ「解釈」は、生活の中で起こるさまざまな刺激を通して、その都度、変化したり、強化されたりしていきます。その、時折起こる変化の過程が「再解釈」なのです。

ひとつ簡単な例をご紹介します。

私がコーチになる前に、営業職として働いていたころのことです。当時の私は「期末」というと、「目標数字を達成させなければならない重要な時期」という解釈をしていました。その解釈は決して間違いではありませんが、私はその解釈によって強いプレッシャーを感じていました。これは、そんなあるときの上司との「対話」です。

年度末である12月半ば、上司と営業先に向かって最寄り駅から歩いていました。会社は12月末が決算期でしたので、その移動中も私は期末の数字について、考えを巡らせていました。

ふとした沈黙があったとき、何気なく私は話し出しました。

「2つの対話」

「今期の数字は厳しいですね」

すると上司は、にこにこしています。不思議に思った私は質問をしてみます。

「プレッシャーは、感じないのですか?」

すると上司は答えます。

「そうだねぇ。でも、こういうギリギリのときじゃないと、あるよね」

「ギリギリのときじゃないとできないこと? 何でしょう……」

上司は続けて話し始めました。

「こういうギリギリのときって、『何とかしよう』って、必死で考えるよね。考えて、考えて。それで、いつもと何か違う動きをしてみようとするでしょう。それがすごくいいよね。そうやって、普段はやらない知恵を絞ろうという力が、それまでは出なかった新しいアイデアとか、その人の能力を引き出すから。年に一度、すごくいい時期だよね」

強いプレッシャーを感じて、頭が煮詰まるような思いでいた私は、実に楽しそうに話す、その上司の表情を見て、私を励まそうと取り繕った言葉ではないことが分かりました。

上司と話をしていくうちに、「ワクワクする」気持ちが湧いてくるのを感じていました。
「期末という、目標に到達するかどうか、ギリギリの時期だからこそ、発揮されるクリエイティビティがあるのだ」

このやりとりを通じて、私の中に新しい解釈が生まれたのです。

このような「再解釈」をもたらす連続的な言葉のやりとりを「対話」と呼びます。私が仕事にしているコーチングとは、この「再解釈」をより意図的に起こしていくことで、相手の成長を支援する「対話」の技法です。

しかし、この「対話」を目的としているコーチングであっても、「対話」にならない、つまり「再解釈」が起こらない、というときもあります。たとえば、コーチとクライアントで、こんなやりとりが起こることがあります。

コーチ「今回のできごとから、あなたにとって何か学びがあったとすると、何でしょうか」

クライアント「学んだこと？　特にありませんよ。すでに分かっていたことです」

コーチ「このことについて、あなたが『やること』ではなく、『やめること』があるとすると、何でしょうか？」

クライアント「自分は、これだけ取り組んできているのだから、自分自身は何も変えることはない。問題は部下の側にあるのだから……」

コーチ「今から10年後には、何が起きているでしょうか」

クライアント「……分かりません」

コーチとクライアントは、たしかに2人で言葉のやりとりをしていますが、ここには、「再解釈」は起こっていません。「対話」を前提にしている「コーチング」ですら、形式として「対話をしましょう」と始めてみても、このように「対話」にならないときもあるのです。逆に、前述のような、ふとしたやりとりでさえ、「再解釈」を生み出すこともあります。

どうやら、「再解釈」が生まれる対話になるかどうかには、いくつか必要な条件がありそうです。

コーチングにおいて「対話」が起こるかどうかに影響する要素のひとつとして、**本人に十分な心の準備態勢があるか**、が挙げられます。それを「コーチングのレディネス」と言います。いかに有能なコーチがついたとしても、本人の準備態勢が整っていなければ、「対話」が起こることは非常に難しくなります。準備態勢を整えるためには、コーチングに対する理解や対話が物理的に可能なこと、なども挙げられますが、特に重要なのは、本人が「心理的な安全を十分に感じているか」ということ、そして「変化に対するコミットメントがあるか」ということです。

この2点は、コーチングに限らず、日常的に「自分との対話」「他者との対話」を作り

「2つの対話」

出すために必要なことでもあります。もう少し詳しく見ていきましょう。

「心理的な安全」とは、ビジネス上で言えば、現在のポジションや職場環境に対する安心感、あるいはその環境を「乗り越えていける」という自分に対する信頼がどのくらい強いか、ということです。たとえば、上司に厳しく当たられ続け、同僚とも良い関係を築けていない人がいたとします。その人は、「いったい自分はどうなってしまうのだろう」「この先この職場でやっていけるだろうか」ということで頭がいっぱいになっています。このようなとき、人は「これ以上の攻撃を受けないように」と、強い防御的な心理状態になります。当然この状態では、自分自身の「解釈」を見直してみよう、新しい「解釈」を試してみようという思いには到底なれません。

なぜなら、ただでさえ自分の「解釈」を見直す、ということは、勇気のいることだからです。それは、自分が今まで信じていたこと、当たり前だと思っていたことを「あえて疑ってみる」ということだからです。これまでに考える必要がなかったことを考えるということは、人を不安定にさせます。自分が置かれている環境に対して、不安でいっぱいであれば、とうてい「再解釈」に向かうことなど不可能なのです。逆に、職場環境への安心感や、自分自身や周囲への深い信頼がベースにあるとき、人は新しいこと、未知のことに対してオープンになり、「再解釈」にも挑戦しやすくなるのです。

このような「心理的な安全」を得ると、結果的に「変化に対するコミットメント」の高まりにもつながります。これは、周囲に促される形ではなく、自らリスクをとってでも、成長したいという意欲を持てるということです。

「再解釈」をする、ということは、ややもすると自分の現状の「解釈」に対する否定とも感じられるかもしれません。多くの経験と知識を積み重ねて、現在まで成功体験を重ねてきた多くのビジネスリーダーは、自分自身の「解釈」に強い自信を持っています。これまでに成功してきた自分の「解釈」にあえて挑戦するということは、過去の成功が大きければ大きいほど、それ自体とても「危ない」と感じられることでしょう。そのようなリスクをとってでも「変化をする」という決意や意志が十分にあることが、その人に「再解釈」をもたらします。

次に紹介するのは、コミュニケーション上の、ちょっとした挫折をきっかけに、「自分との対話」と「他者との対話」によって再解釈を生み出し、トランジションを大きく前進させたビジネスリーダーの事例です。

Coaching case 2

ある小売業のブランドマネジャーを務めるEさんがコーチを受けていました。駐在してから1年間、なかなか部下との信頼関係が築けない状態が続き、チームはそれぞれが孤軍奮闘している状態が続いていました。

Eさんの部下の声を拾うため、私はコーチングの中で、匿名のアンケートを実施することにしました。初めてアンケートを実施したときは、多くの部下が「N/A」（回答できない、無回答などの意味）とだけ記載していました。建設的な意見どころか、不満さえも伝えてもらえない状態であったのです。

それでも、Eさんはあきらめませんでした。一人ひとりと時間をとって、「仕事について、話そう」と対話を持つことを続けられました。

すると3か月後にもう一度実施したアンケートには、こんな現地スタッフからの回答が出てきました。

「あなたは私の話を聞いているようで、自分の言いたいことを言っているだけです」。

これが初めて出てきた意見でした。

このような「不満がある」ということは、相手に対して「期待がある」ということの裏返しです。部下から、不満がでてきたということ、これは、このマネジャーにとっては大きな前進と言えました。

さらに半年後、その期間の取り組みを振り返って、Eさんはこんなことをおっしゃいました。

「赴任してからずっと、認めたくなかったことがあるんです。自分は、ずっと日本本社のやり方にこだわっていました。そして、そのやり方は、現地のスタッフには受け入れられていなかった。現地のビジネス慣習には合っていなかったからです。そのことには、実は内心気づいていたのですが、認めたくなかったんです。お恥ずかしい話、それを認めてしまったら、自分の立場はどうなってしまうのだろう、とぼんやりとした不安を持っていたんです。今は、そのやり方ではうまくいかない、と認められるようになりました。

〝今までのやり方では、うまくいかないのだ〟という前提に立ってみると、彼女たちの言っていることが、よく聞こえるようになったのです。今までも、彼女たちは意見を言ってくれていたし、私も聞いているつもりだったけど、今までは、聞きながらも、ずっと自分の中にある〝正しい答え〟と照らし合わせて、彼女たちの間違いを修正しようとしていたのだと思います」

おそらく、コーチングを開始したころのEさんは、周囲と「コミュニケーション」をとってはいましたが、「対話」ではなかったのでしょう。そこにお互いの違いを認め、すり合わせていく「再解釈」は存在していなかったのです。そして、それはEさんの中にあった「漠然とした不安」が障害となっていたのでした。

あらためて「グローバルリーダーになる」プロセスとは、求めると求めざるとにかかわらず自分の「当たり前」を否定されることの連続であり、自分自身の世界観を変えていくトランジションのプロセスです。

「自分との対話」を通じて、現状を捉え直す再解釈をし、「他者との対話」でお互いの違いを表面化させ、すり合わせる過程でまた再解釈を生み出す。このことによって、トランジションは大きく前進していきます。

『対話』とは、意味の創造がその本質となっている会話である。コラボレイティブな対話とは、言語を媒体とした意味創造のプロセスである。

他人と対話を行うには、まず、自分の持つ既成概念を中断し、心を開いて、相手を受け入れなければならない。他人と対話を始めるためには、まず最初に自分の心と対話をすることが必要である」[4]

これは、心理学博士でありエグゼクティブコーチでもあるハーレーン・アンダーソン博士の言葉です。

そして、効果的な「対話」を生み出すには、私たちの「心理的な安全」や「変化に対するコミットメント」といった十分な心の準備が求められるのです。この2つを私たちが自分自身でどのように整えていくのかも、次章以降で見ていきましょう。

ここまで、本書の始まりとして、グローバルリーダーにとって避けられない「トランジション」というプロセスの存在をご紹介しました。

こうして「トランジション」をひとつのプロセスとして認識することで、すでに違いが起こります。

4 rief Thoughts on Collaborative-Dialogue, Harlene Anderson, Ph.D.

なぜなら、このように意識的に認識していない限り「トランジション」は気づかぬうちに始まり、気づかぬうちに終わっていることも多いからです。そのような場合には、ただの不安定な期間、苦労した期間として過ごすことになります。そうではなく、誰もが経験するひとつの成長プロセスとして認識をすることで、私たちは「トランジション」を自らの飛躍の好機に変えることができるのです。「トランジション」をただ無防備に過ごすのではなく、私たちの人生にとってかけがえのない時機にしていきましょう。

そして、この「トランジション」の成功を支えるのは2つの「対話」である、ということが私の考えです。「自分との対話」は、不安定なトランジション・プロセスを違う視点から見つめ直すことを助けてくれます。「他者との対話」はときにあなたがリスクを切り抜けることを支援してくれます。ときには組織やビジネスの大きな可能性を見出してくれます。

特に、日本での管理職経験が長かった方は、これまでの「ほぼ単一文化の中で、実務によってマネジメントをする」姿勢から抜け出すため、「他者との対話」が欠かせません。

そして「対話」とは、「再解釈」を生み出すコミュニケーションを指します。

「自分との対話」「他者との対話」この2つを効果的に作り出すことができれば、多くの人の「トランジション」はより成功に近づいていくのです。

次章では、効果的な「対話」を作り出すために、赴任前から着手できる取り組みをご紹介していきましょう。

Chapter 3

あなたの「対話」を効果的にする赴任前の取り組み

本章で語ること

赴任前にまず取り組むべきは「自己認識」。
私たちは「自分を知っている」からこそ、初めて「相手との違い」が認識できる。
「自己認識」を高めるために、自分自身を「たな卸し」する。

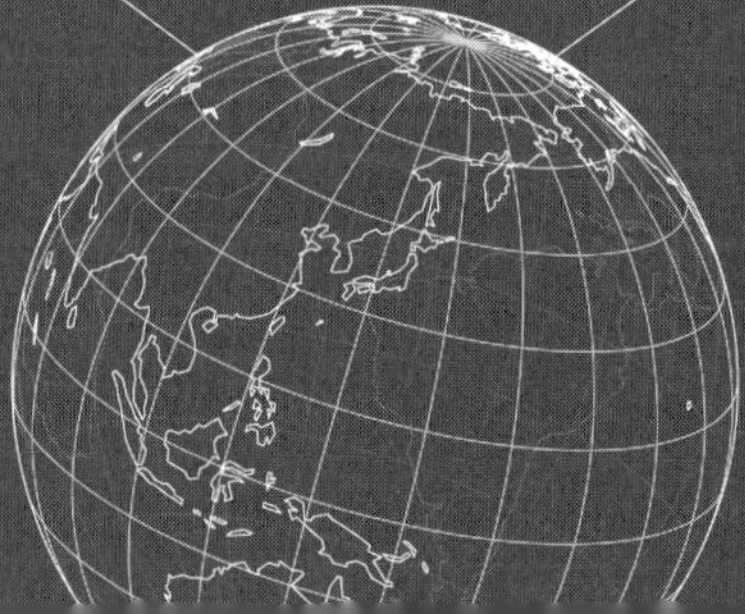

1　自分自身と出会い直す

ここからは、先述のトランジション・ストーリーで登場したキークエスチョンに答えていく形で話を進めていきましょう。時間軸で各トランジション・プロセスを追っていきますので、すでに赴任されている方は、ご自身のタイミングに照らして、飛ばして読んでいただいてもかまいません。また、トランジション・プロセスは、行きつ戻りつ進んでいくものです。それぞれのプロセスでご紹介している内容を、ご自身が必要と思われるタイミングがあれば、迷わず取り入れていただければと思います。

それではまず、最初のキークエスチョンから始めましょう。

キー
クエスチョン
1

赴任前には、どのような準備ができるでしょうか。
赴任前だからこそできることは何でしょうか。

あなたの「対話」を効果的にする赴任前の取り組み

赴任後に効果的な「対話」を生み出すための、赴任前からできる取り組みを検討していきます。これは前章で言及した、「対話」を起こす条件となる準備態勢である「心理的な安全」や「変化に対するコミットメント」を整えるためでもあります。

まず、その取り組みとは、ひとことで言えば **「自分自身」と出会い直す**、ということです。

どういうことか、やや分かりにくいかもしれません。以下で詳しく解説していきましょう。

あなたは、どの程度「自分自身を知っている」と言えるでしょうか。

◇ 自分が持っている強み。
◇ 培ってきた能力・スキル。

◇積み重ねてきた経験。
◇活用できる資源。
◇警戒すべきリスク。
◇どんな価値観や未来へのビジョンを持っているか。
◇周囲に対して、どのような影響をもたらしているか。

これらについて、どのくらい話すことができますか。

このような自分自身が持っている特徴を、どの程度把握し、表現することができるか。これを「**自己認識**」と呼びます。この「自己認識」こそが、トランジションを乗り切り、成功するための準備として、きわめて重要なカギを握っています。

コーチングのスタート段階では、コーチは、とてもシンプルな質問をします。

赴任前の取り組み

「あなたは、どんなリーダーですか?」
「あなたは、どんな人なのですか?」

意外にも、この質問に、答えにくそうにするビジネスリーダーは少なくありません。なかには「実は、よく分かっていない」と正直にお話しされる方もいます。

どうやら、リーダーとして経験を重ねていくと、だんだんと「あなたは〜?」という問いかけを受けることが少なくなっていくようです。その代わりに「マーケットは〜?」「会社は〜?」「お客さまは〜?」「部下は〜?」といった、自分の外側にあるものを主語にした問いかけが圧倒的に多くなるようです。「あなたはどうなのか」と問いかけられる機会は、経験が豊富なリーダーほど、減少していく傾向にあります。また、周囲もリーダーに対しては、積極的に「あなたってこういう人ですね」と伝えることもしなくなります。

特に、ネガティブな情報ほど、入りにくくなっていくのです。

そのため、活躍しているリーダーほど、**自分自身のことを「実はよく分かっていない」**状態になりやすいのです。つまりリーダーの「自己認識」は、放っておくと自然と低くなっていきます。

ですから、リーダーにとってはコーチングでこのような質問を通じて「自分自身と出会い直す」ことが、ひとつの大きな価値になっています。

20世紀最高の経営者とたたえられる元GE会長のジャック・ウェルチ氏は、引退した際のインタビューで、「ウェルチさん、あなたはなぜ20世紀最高の経営者と言われるようになれたのですか」という質問に対して、たった一言、「Self-awareness（自己認識）」であると答えたそうです。[5]

ウェルチ氏の次に会長となったジェフリー・イメルト氏も同様に、「リーダーシップとは、終わりのない自分探しの旅である」と言っています。

また、多くのリサーチ結果から、リーダーの「自己認識」の高さは、企業業績にも影響していることも伝えられています。

5『世界最高のリーダー育成機関で幹部候補だけに教えられている仕事の基本』田口力著（角川書店）

赴任前の取り組み

「リーダーの自己認識」と「組織の業績」には直接的な関係がある。「自己認識」は「会社の純利益」に表れる。(Cashman, 2014)

「収益性（ROI）」がより高い上場企業は、より高い自己認識を示している「社員」を採用している。(Cashman, 2014)

つまり「自己認識」とは、リーダーにとって容易には得られにくいものであり、かつ組織を成功に向かわせるためには欠かせないものである、と言えるのです。

では、グローバルリーダーのトランジション・プロセスにとっては、なぜ、自分自身を知る「自己認識」が、それほど重要なのでしょうか。

その、1つ目の理由は、トランジション・プロセスに特徴的な**連続的な未知の体験に対応するため**です。

私たちはトランジション・プロセスでは、山あり谷ありと

6 "Return On Self-Awareness: Research Validates The Bottom Line Of Leadership Development", Kevin Cashman, March 17, 2014 Copyright 2014 Forbes.com LLC™ https://www.forbes.com/sites/kevincashman/2014/03/17/return-on-self-awareness-research-validates-the-bottom-line-of-leadership-development/#7be110ba3750

いう難しいドライビングコースを旅することになります。「旅する」という比喩を使ったのは、それがあくまで日常ではなく、あたかも旅のように予測のつかない道のりの連続だからです。言わば私たちはトランジションというハードで予測不可能な旅路を、自分自身というクルマを上手く乗りこなして、目指すゴールに向かう必要があるのです。

速いスピードが出せるクルマはそれを活かし、一方で燃費の悪さという側面があるとすれば、そこに注意しておかなければいけません。それは、私たち自身を、ポジティブな方向へ「活かす」ことであり、ネガティブなシーンでは「ケアする」ためでもあります。どのくらいの馬力が出るのか、どのような道のりが苦手なのか。そのクルマの特徴を理解していなければ、ドライビングコースを進めば進むほど、「果たして、この道を乗り越えられるだろうか」と不安が大きくなることでしょう。

私たちプロのコーチは、つねに自分自身にもコーチを付け続けることが義務付けられています。私がコーチになってまだ浅いころに、ついてもらったコーチから言われた言葉が、今でもとても印象に残っています。

赴任前の取り組み

「人は一人ひとり違う個性を持っています。それは道具に例えると、まるである人は包丁であり、ある人はまな板、ある人は土鍋、というような違いなのです。当然のことながら、包丁を土鍋としては使えませんし、まな板を使って、食材を切ることもできないでしょう。

私はコーチとして、クライアントと一緒に、その人の特徴を確認する作業を最初に時間をかけて行います。もし、あなたが包丁であるなら、料理をするには欠かせない主役級の存在ですが、ひとたびそれが、人に向けられてしまったら、それはとても危ない存在になるのです。

しかし、私たちは自分のことを他人以上に理解していません。意図せず包丁を誰かに向けるようなことをしてしまっていることもあるのです。あなたという人の特徴や、適切なエネルギーの向かわせ方を一緒に発見していくこと、これがコーチングのスタートです」

そのコーチが話してくれたように、日常においても私たちは、自己認識不足から誤った行動を選択することがあります。そしてトランジションのプロセスでは、これまでに経験したことのない未知の状況に置かれるのです。日常以上に、誤った行動の選択をしやすい環境にあると言っていいでしょう。

しかし、自分自身がどのような特徴を持っているのか、という認識が深まるとどうでしょうか。「この状況では、誰かの支援が必要だろう」「もしかしたら、相手にうまく伝わっていないかもしれないから、もう一度、話し合いの場を持とう」というように、未知の状況であっても、自分の特徴を元に仮説を持つことができ、そこから行動の選択肢が生まれてきます。もし自己認識がなければ、自分の特徴を無視し、他人の基準と比較して無理をしすぎたり、誤った表現方法を用いたり、などということが起こってしまうのです。

逆に高い自己認識を保つことで、結果的に「自分は、自身の特徴を理解していることで、適切な行動の選択肢が見出せる」という自信を持つことができます。それは、あなたにとっての深い安心感にもつながります。これが効果的な「対話」を作り出すための、第一歩となります。

「自己認識」がグローバルリーダーにとって重要である2つ目の理由は、**自分自身への認識の深さが、同じように他者への関心と理解の深さに反映されるから**です。

赴任前の取り組み

コーチになる前、部下との関わりに悩んでいる私に、その当時のコーチは、こう問いかけました。

コーチ「あなたは、あなた自身について、どんなことを知りたいと思いますか?」

私「コーチ、部下との関わり方を変えたいと話している私に、なぜその質問なのでしょう」

コーチ「他者への関わりというのは、自分自身への関わりが少なからず投影されています。自分自身に興味を持てない人が、他者へ興味を持つということは、難しいことです。あなた自身への興味関心をもう一歩、深めることができれば、周りへの関わりにも変化を作り出すことにつながるのではないでしょうか」

これは私自身を深く唸らせた問いかけでした。周囲を変えたい、周囲をなんとかしたいとばかり考えていた私は、自分自身を省みることもなく、「自分との対話」をなおざりにしていたのでした。振り返ってみれば、自分自身への扱い方が、まさに相手との関係そのものだったのです。

「自分を知る」ということは、「相手を知ろう」とすることにつながります。そして、自分を深く知るからこそ、相手の背景をより深く理解できるようになり、さらには相手と自分との「違い」の理解につながります。このことについて、少し詳しく見ていきたいと思います。

2 「潜在的な違い」に気づく

海外では、さまざまな「違い」があることが前提になる、ということは先述の通りです。それは、ときには見るからに明らかな「違い」であり、ときには潜在的ですぐには気づきにくい「違い」です（図表9参照）。

では、私たちは、この「潜在的な違い」をどのようにして知ることができるでしょうか。

赴任前の取り組み

図表9 **多様性の捉え方のいろいろ**

相手をよく観察することによって、でしょうか。

本当にそれだけで「潜在的な違い」を認識することが、できるでしょうか。

この「違い」の認識について、実は忘れがちな前提があります。それは、**私たちは「自分自身を知っている」からこそ、初めて相手との「違い」が認識できる**、ということです。「違い」とは、比較の中で発見されるものだからです。

ひとつのエピソードをご紹介しましょう。

Coaching case 3

数年前、私が拠点長として香港に赴任して、早々のことでした。

現地の香港人メンバーと、少しでも早く信頼関係を築きたい。彼らのことをもっと知りたい。そのように考えた私は、しばらくしてから、彼らを夕飯に誘うことにしました。

「Shall we have a quick dinner today?（今日の夜、飲みに行かない？）」

「...Maybe next time（……今度ね）」

きっと今日は都合が悪かったんだろう。

そう考えた私は、また数週間後、メンバーと一緒に外出した夕方に、もう一度誘ってみました。

赴任前の取り組み

「Do you have time to drink a cup of tea? (ちょっとお茶していかない?)」
「Ah... Maybe next time (……今度ね)」

同じようなやりとりが、他のスタッフとも続き、不安を覚えるようになっていきました。「果たして、何かマズイことでもしてしまっただろうか」と眠れぬ夜を過ごすようになったのでした。

フランスとシンガポールに拠点を置くビジネススクール、INSEAD客員教授のエリン・メイヤー氏は、ビジネスシーンにおける異文化理解に特化し、コミュニケーションギャップが生じやすい「8つのマネジメント領域(あるいは、分野)」に沿って国別の特徴を捉え、理解し、対応していくための示唆を与えてくれます。[7]

図表10をご参照ください。

---

[7] 『異文化理解力——相手と自分の真意がわかるビジネスパーソン必須の教養』エリン・メイヤー著(英治出版)

この視点でCoaching case 3を振り返ってみましょう。

私が無意識に選択していた「部下をお酒に誘う」という行動は、平たく言えば、日本流の「飲みニケーション」です。「6　信頼」の領域で、スタッフから「関係」をベースにした信頼を勝ち取ろうとしたものだったと言えます。

もうひとつは、「4　リード」の領域から特徴を捉えることができます。「リード」の領域は、「あなたにとって良い上司とは何か?」という問いによって、文化による違いが見えてくるものです。

たとえば「階層主義」を重んじる文化圏では、上位者が明確な方針を発信し、何事も上位者の同意や判断を得ることが、組織運営上重要であり、お互いに対する敬意だと捉える傾向があります（日本や韓国、インドなど）。

一方で「平等主義」の文化圏では、ポジションの上下に関係なく、みんながフラットな立場で意見を出し合い、役割を全うする傾向があります。ときには、ポジションを飛び越

図表10 **8つのマネジメント領域と、その両極端の特徴**

1	ローコンテクスト	← コミュニケーション →	ハイコンテクスト
2	直接的なネガティブ・フィードバック	← 評価 →	間接的なネガティブ・フィードバック
3	原理優先	← 説得 →	応用優先
4	平等主義	← リード →	階層主義
5	合意志向	← 決断 →	トップダウン式
6	タスクベース	← 信頼 →	関係ベース
7	対立型	← 見解の相違 →	対立回避型
8	直線的な時間	← スケジューリング →	柔軟な時間

（出典）『異文化理解力』エリン・メイヤー著（英治出版）

えて、課題解決に取り組むこともあります（デンマーク、オランダ、スウェーデンなど）。

　この領域における私の「飲みニケーション」の誘い方を振り返ると、おそらく「階層主義」の前提から来る「上司の誘いは、きっと断らないだろう」という、思い込みの上に立った誘い方だったのだと思います。

　自分でも気づかぬうちに、「日本的な文化」に則ってことを進めようとしていた。ところがそううまくいかず、その理由も分からずに、心理的ショックが起きてしまっていたのです。

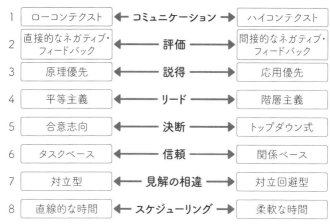

数行前にさらっと書いた、この「気づかぬうちに」という点こそ、文化による違いがやっかいなものである所以です。

Coaching case 3 に戻ると、しばらくして、香港駐在の長い方が、次のように教えてくださいました。

「香港人は、たとえ上司の誘いであっても、当日の誘いだと飲みに行かないことが多いよ。会社の飲み会は業務の一環と捉えるようだし。そもそも、ご飯のときには、お酒を飲まないしね」

世界では、文化的特徴が日本と近しいとされる香港ですが、それでも、「私」と「彼ら」の前提には、やはり違いがあったのです。

このように自分が持っている気づかぬ前提を知ることによって初めて、相手との「違い」を認識することができます。

多くの見えない「潜在的な違い」が存在する環境に飛び込む私たちは、まずは自分自身をよく理解し、**自分が持っている気づかぬ前提を理解しておく必要がある**のです。

あなたの「対話」を効果的にする赴任前の取り組み

グローバルリーダーにとって、「自己認識」を高めることは、多くの「違い」に向き合うためにも必要な準備です。

そうして自分の特徴を知り、他者との「違い」が明らかになると、求められている能力とのギャップともあらためて向き合うことになります。自分自身の変化や成長の必要性に気がついたとき、初めて私たちの中に「変化へのコミットメント」も生まれてくるのではないでしょうか。

以上のような理由から、私は赴任前に自分自身と出会い直す時間をとることをお勧めしています。この「**自己認識**」に取り組んだかどうかが、トランジションのプロセスを支える効果的な対話を作り出す力に、大きく影響してくるのです。

さて、再びCoaching case 3について。これは私とスタッフの後日談です。その後、私は現地スタッフとは、ほとんど「飲みニケーション」をとることはありませんでした。その代わりに、アシスタントスタッフが提案してくれた「コーヒータイム」を採用することにしました。月に一度、月曜の朝、少しのスイーツとコーヒーを買ってきて、ただおしゃべりをするのです。家族のこと、週末のこと、最近読んだ本のこと……普段のミーティングでは知ることのできないお互いのことについて、少しずつ話をするようになりました。

「飲みに行こう」ではなくて、「もっとあなたたちとコミュニケーションをとりたいのだけど」と相談すると、現地スタッフは他にもとても良いアドバイスをくれました。

そのうちに社内に小さな図書スペースができました。英語や日本語で、それぞれ自分がもう読んでしまった本をオフィスに寄付して、社員もお客さまにも借りていただけるようにしたのです。

スタッフが意外な本を読んでいたりして、そこから会話が始まることもありました。少しずつ、少しずつ、お互いの興味と関心をすり合わせて、私たちは良き同僚になり、良き友人にもなっていったと感じています。

赴任前の取り組み

Column

リーダーに期待すること 〜国別の違い〜

ところで、あなたにとっての「リーダー」とは、どんな人のことを指すのでしょうか。

次の項目から、あなたにとって「リーダー」であるために大事なこと、と思われるものを3つ選んでみてください。

1. 謙虚である
2. 責任感が強い
3. 自信がある
4. 活力がある
5. 楽観的である
6. 常に学んでいる
7. ビジョンを示す
8. 人の話を聞く
9. 人を鼓舞する
10. 人を育成する
11. 多様性を重んじる
12. チーム力を高める
13. 戦略的である
14. 発想が豊かである
15. 指示が明確である
16. 変化を起こす
17. 決断力がある
18. 権限委譲できる

図表11 **各国の優れたリーダーが実際に備えている特性**

	1位	2位	3位
グローバル	権限委譲できる	責任感が強い	多様性を重んじる
日本	戦略的である	発想が豊かである	謙虚である
アメリカ	多様性を重んじる	人の話を聞く	発想が豊かである
中国	権限委譲できる	発想が豊かである	ビジョンを示す
フランス	発想が豊かである	ビジョンを示す	指示が明確である
ドイツ	謙虚である	多様性を重んじる	チーム力を高める
タイ	人を鼓舞する	戦略的である	活力がある
ブラジル	権限委譲できる	戦略的である	指示が明確である

（出典）コーチング研究所「組織とリーダーに関するグローバル価値観調査」

この調査は、コーチング研究所による、「組織とリーダーに関するグローバル価値観調査」（2015年4月実施）に基づくものです（図表11参照）。

この調査結果から、各国の優れたリーダーが実際に備えている特性は、国によって異なることが分かります。さて、各国の特徴と、あなたにとっての「リーダー」とはどのような違いがあるでしょうか。

赴任前の取り組み

先のコラムのデータを共有したあるクライアントとの印象的な対話がありました。

Coaching case 4

クライアントのFさんに、先のデータを紹介したとき、5秒ほど沈黙が流れました。

私「何を考えていたのですか」

Fさん「実は、つい最近、面接をして採用を決めた現地の人間がいるんです。私が彼を評価したポイントは、この日本人にとってのリーダーシップ3項目にそっくりそのまま当てはまるものでした。謙虚で、発想が豊かで、戦略性がある……」

私「そうだったんですね。それで？」

Fさん「自分のチームが今目指しているのは、現地マーケットのいち早い開拓です。日本人に通用するリーダーシップは、自分にとっては働きやすい相手かもしれないけど、それは、現地のビジネスパートナーや、優秀な従業員たちには通用しない、ということなんじゃないか、今そんなことを考えていました……」

海外法人を経営するリーダーにとって重要な仕事のひとつに、「優秀な人材の確保」があります。どのような人材が集まった組織であるかが、その組織の成果を決めていきます。その視点が、日本の基準で本当に良いのか、Fさんはあらためて検討する必要に迫られました。

それは、Fさんの「自己認識」がひとつ高まった瞬間であったと言えるのではないでしょうか。

このデータは、あなたには何を問いかけてくれるでしょうか。

あなたの「対話」を効果的にする赴任前の取り組み

3 自分自身を「たな卸し」する

「自己認識」がグローバルリーダーにとって重要であるとして、ではどのようにそれを高めていくことができるのか。ここではコーチングで取り組まれる内容を少しご紹介しましょう。

「自己認識」を高めるために、コーチングで行うプロセスのひとつは、自分自身を「たな卸し」するということです。

「たな卸し」とは、在庫管理の業務プロセスの中でよく使用される言葉です。手持ちの商品の数量などを調査し、明らかにすることを指しています。この目的は、現状を把握したうえで、商品の仕入れや販売戦略などを適切に判断することにあります。

コーチングにおける「たな卸し」とは、その人が現在持っている能力や活用できるリソース、またはその人自身の状態や取り巻く環境などを明らかにすること。そうすることによって、今後必要なそれらについても把握することを指しています。

では、どのような視点で、「たな卸し」をしていくといいのでしょうか。
ここでは私が駐在員の方とのコーチングを数多く実施する中で特定してきた、グローバルリーダーにとって役に立つたな卸しの視点をご紹介します。

図表12をご参照ください。以下に、ひとつずつ見ていきましょう。

①（向かう先）ビジョン・ミッション「何を成し遂げたいのか」

どんな旅であっても、「目的地」と、目的地に向かって「どのように進みたいのか」というプランが必要です。とにかく早く行き着くことが大事なのか、景色を楽しみながらのんびり向かうのか。それはどのような価値観に基づくものなのか。

それは、トランジションの旅路にとっては、「ビジョン・ミッション」に当たります。

「ビジョン」とは、実現したい未来の姿・様子です。

赴任前の取り組み

図表12 グローバルリーダーの「たな卸しの視点」

向かう先	BE
ビジョン・ミッション 「何を成し遂げたいのか」	ファウンデーション 「ストレス傾向を知る」
HAVE	DO
リソース 「何を持っていて、 何を持っていないのか」	コミュニケーションスタイル 「他者との関わりの特徴は どんなものか」

自分の視点　　他者の視点

「ミッション」とは、そのビジョンを実現する目的を指します。

あなたは、わざわざ異文化の環境に赴き、どんな未来を作り出そうとしているのでしょうか。そして、それを実現するあなた自身の目的とはどんなものでしょうか。

（※後述「ユーフォリア期」にて、再度詳細を見ていきます）

② (BE) ファウンデーション「ストレス傾向を知る」

ファウンデーションとは、「基盤」という意味です。つまりは私たちのさまざまな活動の下支えとなる自分自身の状態のことです。

建築物で言うと、「基礎」に当たります。家の建築プロセスを見ていると、この基礎工事に、とても長く時間を費やしていることに気づきます。逆に、基礎ができてしまえば、そのあとはあっという間に完成してしまいます。

建物も人も、この基礎が揺らいでしまっては、いかに表面を取り繕ってもグラグラと傾いてしまいます。

特に、生活環境を大きく変えざるを得ないグローバル・トランジションでは、このファウンデーションがぐらつくことが前提になります。ぐらつかない人などいませんので、そのぐらつきとどのように付き合うかが大事なポイントとなります。

そのぐらつきに、いち早く気づき、対応していける能力は欠かせません。あなた自身のファウンデーションへの対応力、そして崩れたときの傾向などを把握しておきましょう。

（※後述「カルチャーショック期」でも詳細を見ていきます）

赴任前の取り組み

③ (HAVE) リソース「何を持っていて、何を持っていないのか」

「リソース」とは資源を意味しますが、ここでは、あなたのミッション・ビジョンに向けた活動に利用できる、あなたが保有している資源を指しています。ヒト・モノ・カネといった一般的なビジネス資源の他に、たとえば、次のようなリソースをあなたはどのくらい持っているでしょうか。あるいは、明らかに必要なのに、現状では保持していないリソースにはどのようなものがあるでしょうか。

~スキル~

◇ あなたが現在持っている業務上のスキルはどんなものですか。
◇ あなたのビジネスにおける強みはどんなものがありますか。
◇ それは、今回の海外のミッションでは、どう活かせますか。
◇ 今回のミッションで、必要とされるが、あなたが持っていないスキルは何ですか。

図表13 **サポーターズリスト〜人の名前・力になってくれそうなこと**

社内	社外

現地	国内

仕事	プライベート

赴任前の取り組み

〜人的ネットワーク〜

言うまでもありませんが、ヒトというリソースはとても大事です。

あなたのミッションを実現するための、どんな人的ネットワークを持っていますか。仕事に限らず、可能性のあるネットワークをたな卸ししておきましょう。図表13のサポーターズリストに、あなたを支えてくれそうな人の名前を書いてみてください。明らかに不足しているリソースがある場合、赴任前にそれを補ってくれる可能性のある人的ネットワークを確保しておくことを検討しましょう。

④ (DO) コミュニケーションスタイル「他者との関わりの特徴はどんなものか」

あなたのコミュニケーションの特徴はどんなものでしょうか。

この質問に対して「特徴は特にない」と答える方が一定数おられるのですが、人には姿かたちにそれぞれ特徴があるように、コミュニケーションにもそれぞれ固有の特徴が存在しています。先述のような文化的な特徴はもちろん、赴任後にあなたのビジョンに向かうための「対話」を作り出すためには、あなたが独自に保有している周囲との関わり方の特徴も知っておく必要があります。

その特徴によって、これまで、そして現在、周囲にどのような影響をもたらしているでしょうか。

この点は、世の中にはさまざまな分析ツールがありますので、活用してみましょう。詳細な性格分析というものではなく、コミュニケーション＝他者との関わりの特徴を捉えることができるものをお勧めします。

たとえば、ひとつのツールとして、コーチ・エィが提供している「コミュニケーションのタイプ分け™」をご紹介します（図表14参照）。

これは、コーチ・エィが開発した、人を観察するためのツールのひとつです。「タイプ分け™」は、その人が持つコミュニケーションの傾向を4つのタイプに分類します（「タイプ分け™」は株式会社コーチ・エィの登録商標です）。

赴任前の取り組み

図表14 コミュニケーションの4つのタイプ

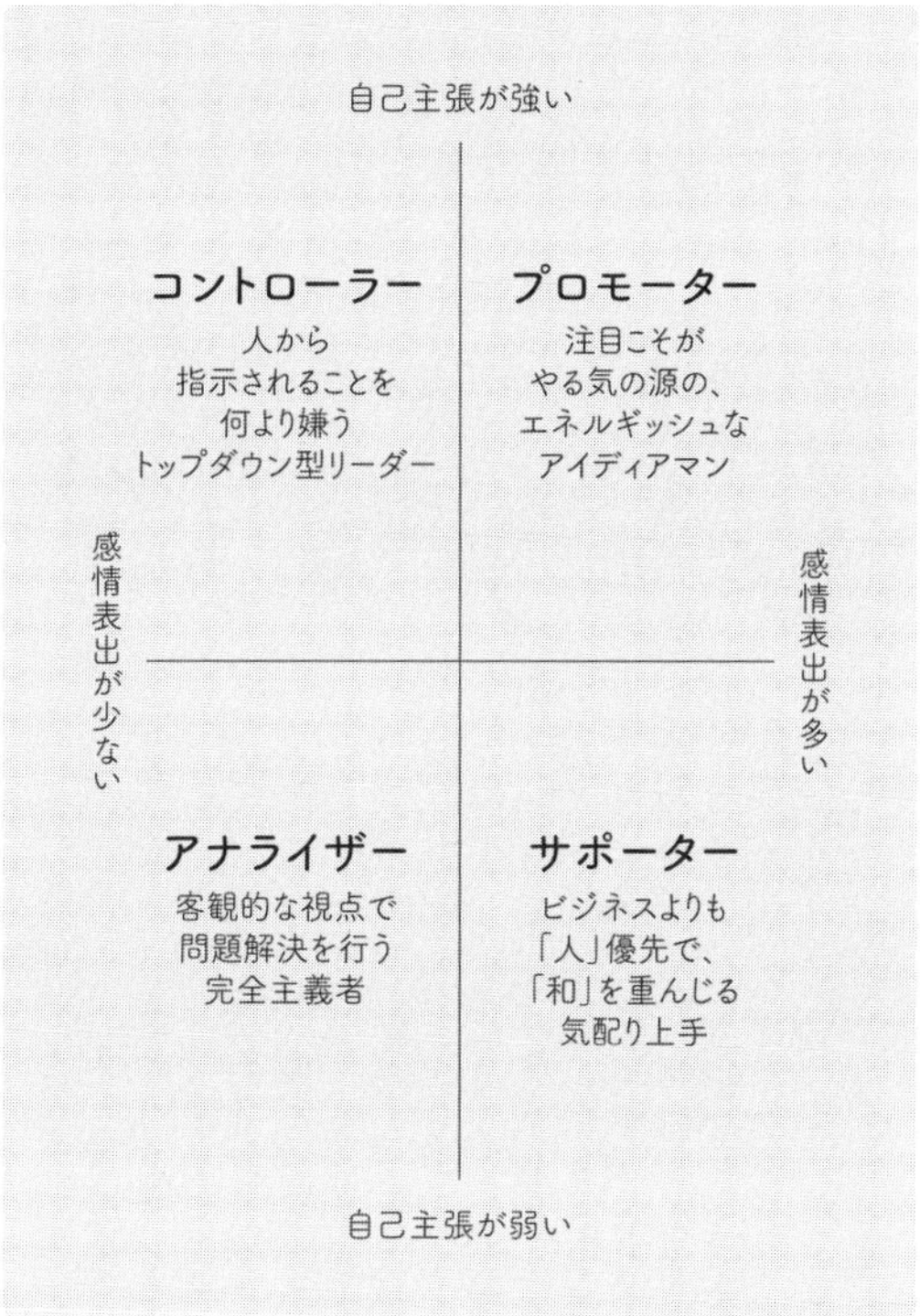

※「タイプ分け™」開発経緯
開発に当たっては、臨床心理士、組織行動学など専門家による調査開発チームを1997年に発足させました。その調査チームが中心となって、まず、国内外の主にリーダーシップや対人関係に関する文献を参考に、人のコミュニケーションスタイル、パターンに関わる200問の質問を作成し、質問紙の形にまとめました。次にその質問紙を使い、企業に勤める成人約300人を対象に第1次パイロット調査を実施し、標準化しました。その後、分析結果の妥当性、信頼性を検証する作業を継続し、2003年に再度、3万人の企業人を対象として、因子分析（最小2乗法等）・項目分析し、4つのタイプを見出し、再標準化しました。
(出典)『図解 コーチング流タイプ分けを知ってアプローチするとうまくいく』鈴木義幸著（ディスカヴァー・トゥエンティワン）

では、あなた自身のタイプを判別するために、以下の図表15にチェックをつけてみてください。その合計点数が最も高いものが、あなたのコミュニケーションタイプです。

図表15 **コミュニケーションのタイプ分けテスト**

	コントローラー	サポーター	プロモーター	アナライザー
反応速度	□ 速い	□ ややゆっくり	□ やや速い	□ ゆっくり
話す速さ	□ 速い	□ ゆっくり	□ 速い	□ ゆっくり
話の長さ	□ 結論から単刀直入に話すので短い	□ 前置きが入るなど、すべてのことを話すので長い	□ 話があちこちに飛ぶので、展開が速く話が長い	□ 順をおって、ロジカルに、整理して話すので長い
声の調子	□ 断言口調	□ 穏やか あたたかい	□ 抑揚がある	□ 単調 冷静
表情	□ 頼れそう	□ 優しそう	□ 楽しそう	□ 真面目そう
姿勢	□ 腕組み 足組み 硬い	□ うなずき 相づち	□ 身振り手振り くだけた	□ 直立不動 硬い
話の主題	□ 仕事や課題について	□ 人や人間関係について	□ 人や人間関係について	□ 仕事や課題について
スタンス	□ 要点を話そうとする	□ 期待に応えるように話す	□ 人に影響を与えるように話す	□ 正確に話そうとする
合計点数	点	点	点	点

(出典)『図解 コーチング流タイプ分けを知ってアプローチするとうまくいく』鈴木義幸著(ディスカヴァー・トゥエンティワン)

赴任前の取り組み

以上の「タイプ分け」™は、臨床心理学、組織行動学などをベースに、人のコミュニケーションスタイル、パターンを4タイプに分類し、現在のあなたがどのタイプに当てはまるかをチェックするテストです。自分自身の「タイプ」を知ることで、自分とは違う価値観、感じ方、行動の仕方があることを知ることができます。それまでは「自分とは合わない」と思っていた人が、あなたの弱みを補完してくれるパートナーであると気づくかもしれません。

詳細なテストと解説を受けたい方は、下記にアクセスしてください。

https://test.jp/about/cti/

さらには、あなたのコミュニケーションの「**ゼロポジション**」も知っておきましょう。

「ゼロポジション」とは、あなたにとって「素」の状態ということです。

私たちはそのときの役割や人間関係に合わせて、コミュニケーションのスタイルを微調整しながら、場に適合させようとしています。人によっては、会社とプライベートでは全然キャラクターが違うという人、あるいは学生のときと今とではまったく違うコミュニケーションスタイルだという人もいるのではないでしょうか。私たちは関係性の中で生きていますので、それはとても自然なことです。そして、誰しもがゼロポジションという素の自分を持っています。家族や古くからの友人の前では、ゼロポジションの特徴が出ることが多いでしょう。

なぜ「ゼロポジション」を知っておく必要があるかというと、トランジションの最中では、前述の通り、ファウンデーションが崩れがちになり、高ストレス環境に置かれます。高ストレス環境では、人は「ゼロポジション」がデフォルメされて、強く表出する可能性が大きいからです。

元来せっかちな人は、よりせっかちになり、周囲との調和を優先する人は、より調和を気にするようになり、慎重にものごとを進めたい人は、より慎重になります。この傾向を知っておくだけでも、客観的に自分の状態を見つめ直す「自分との対話」に役立てることができるでしょう。ぜひ、赴任する前に、あなたの「ゼロポジション」を把握しておきましょう。

赴任前の取り組み

ゼロポジションを把握する一番簡単な方法は、付き合いの長い家族や昔からの友人に聞くことです。彼らは、あなたがトランジション時期（人生の転機）にどのような特徴を持っているかを知っている可能性が高いのです。

あるいは、自分自身でも振り返ってみましょう。先述のパフォーマンスカーブに戻り、過去の経験を省みます。過去に、プレッシャーが強い環境では、あなたにはどんなコミュニケーションの特徴があったと思いますか。

そして、その特徴は、周囲に、どのような影響をもたらしていましたか。もう一度、その経験を繰り返すとしたら、次はどのように変化させたいですか。

ここまで、グローバル・トランジションに対して有効な「たな卸し」の視点をご紹介してきました。では、これらの「たな卸し」を、より効果的に進めるための方法について、次に見ていきたいと思います。

4 自分自身を「外側に出す」

自分自身の「たな卸し」を効果的に進めるための方法は、ひとことで言うと「外側に出す」ことです。つまりは、自分自身の内側にあるもの、あいまいなものを、言葉にして見えるようにしていくことです。

それは、とてもシンプルに言ってしまえば、「誰かに話すこと」「書き出すこと」によって実現できます。

書くプロセスと、話すプロセスで得られる効果には、人によって違いがあります。書くのが得意な方、話すのが得意な方、そしてどちらかが苦手な方、とアウトプット方法の得手不得手は、人によって異なります。人はそれぞれ異なる学習のスタイルを持っているのです。どちらでも自分自身が得意と感じられる方法から始めていきましょう。

「書く」という行為は、それなりに自分の中に考えがまとまっていないと、進まないものです。日記を書くのが苦手だという方も多いのは、「自分の経験から得たスキル」「他者へ

赴任前の取り組み

の影響」「持っている強み」など、目に見えないものを言葉にして表現するということが、それなりに難易度が高いものだからです。豊富なボキャブラリー、抽象化など表現の技術も求められます。

しかし、だからこそ「書く」というようなプレッシャーを与えなければ、私たちの内側でぼんやりと曖昧なまま、明確にされる機会を失ったままになってしまうのです。最初からきれいな文章にする必要はありません。キーワードを書き出すことから始めても良いでしょう。先人のリーダーたちの書籍や記事などから、自分に当てはまる表現をどんどん引用して書いてみるのもひとつの方法です。

もうひとつの方法としては、できるだけ具体的な「質問」を先に準備して、そこに対して答えていくことが有効です。それぞれのテーマについて、自問自答のための「質問」を作ってみましょう（1　ビジョン・ミッション、2　ファウンデーションは、次章以降でも質問例をご紹介していきます）。

組織心理学者のエドガー・シャインは、著書『キャリアアンカー』の中で、自分自身のキャリアを築くためには自らを知ることが重要であり、そのための方法として、彼が提示した数多くの質問を使って「パートナーを見つけてインタビューしてもらう」ということを勧めています。[8] これは、自問自答には限界がある、ということを意味しています。

信頼できる相手や、自分のことをよく知ってくれている、あるいは自分に興味を持ってくれている相手からの問いかけは、自分自身でも気づくことのできなかった自分の本音を引き出します。

「話しながら考えがまとまる」という現象は、コーチングではなくとも、誰しもが経験したことのある対話の効果ではないでしょうか。特に信頼関係の強い相手との深い安心感の中で話をしたときには、「自分がこんなことを考えていたなんて、知らなかった」という体験が起こることがあります。

今の時代は、ランダムで質問をしてくれるアプリなども登場していますが、この方法では、なかなか思考が深まったり、発想が展開する、ということが起こりません。

8『キャリアアンカー――自分のほんとうの価値を発見しよう』エドガー・シャイン著（白桃書房）

赴任前の取り組み

私たちは、誰かとの関係性の中で、相手に理解してもらおうと言葉を尽くして表現を試みます。対話の相手に「理解してもらいたい」という力と、それを聞いている相手からの即時のフィードバック（うなずいたり、笑顔になったり、驚いたり）がさらに私たちの表現を加速させるのです。この機会に、「たな卸し」を手伝ってくれる対話のパートナーを見つけてください。その対話のパートナーは、赴任してからも、必ずあなたの力になってくれることでしょう。

先述の4つの視点に沿って、自分自身について、周囲と話をしたり、書き出したりしてください。そのように「書く」「話す」を交互に繰り返しながら進めていくことで、いろいろな角度から、あらためて自分自身を表現することができるでしょう。

1 ビジョン・ミッション「自分は何を成し遂げたいのか」
2 ファウンデーション「自分のストレス傾向はどんなものか」
3 リソース「自分は何を持っていて、何を持っていないのか」

4　コミュニケーションスタイル「他者との関わりの特徴はどんなものか」

何度も話し、書きまとめることで、自分自身の輪郭が、よりハッキリとしてくる、自分でも気づかなかった自分の一面に出会い直すことが可能となるでしょう。

この章では、トランジション・プロセスに突入する前の段階で取り組んでいただきたいことをご紹介してきました。

あらためて結論を申し上げますと、赴任前に取り組むべきこととは、何よりも「自己認識」です。「自己認識」とは、すべてのリーダーにとって重要である、とも言えますが、グローバルリーダーにとって特筆すべき理由が2点ありました。ひとつは不安定な時期を乗り越えるため。もうひとつは相手との「潜在的な違い」と向き合うためです。

そして、その「自己認識」を高めるアプローチとして、「たな卸し」の視点と、「外側に

赴任前の取り組み

出す」手法をご紹介してきました。

　赴任前は、必ず何かと忙しくなります。その時期は誰もが「バタバタしている」と口にするものです。ここに挙げたような取り組みは、放っておけば後回しにされてしまうようなことばかりでしょう。せっかくこの本を手にしてくださったみなさんには、ぜひ赴任後に効果的な「対話」を作り出すための準備態勢として、一つでも、二つでも優先順位を上げて、行動に移していただきたいと思います。その行動の選択が、みなさんの数年にわたる赴任期間に違いをもたらすことをお約束したいと思います。

　では、次の章からは、赴任後のトランジション・プロセスを見ていきましょう。

Chapter 4

トランジションの旅路を歩む

本章で語ること

ユーフォリア期：あなたの「ミッション・ビジョン」を明確にする。

カルチャーショック期：サポート環境を築く。

適応期：「同化」ではなく「統合」を目指し、現地スタッフと「共創関係」を築く。

逆カルチャーショック期：「対話」で葛藤を乗り越え、新たな「物語」を描き直す。

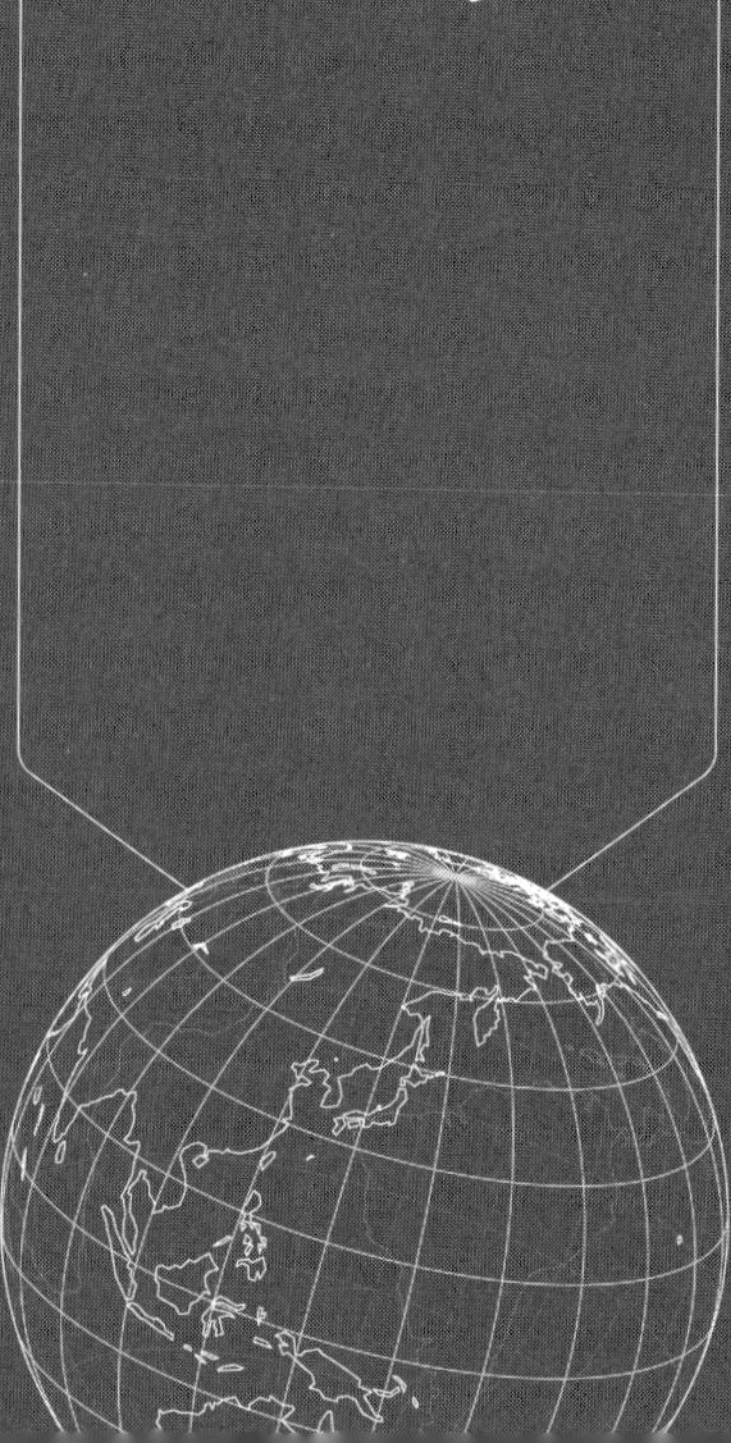

ここからは、いよいよ赴任後に待っているトランジションのプロセス、それぞれのフェーズで、どのような「対話」が求められるのかを見ていきたいと思います。それぞれのフェーズで、本書冒頭に提示した「キークエスチョン」にも答えていきます。

Phase 1 ユーフォリア期（赴任後すぐ〜2か月ほど）

1 現地スタッフが、あなたから聞きたがっている唯一のこと

ユーフォリア期は、多くの場合、最初の1〜2か月間です。この時期は、公私ともにこなすべき事柄の多さもあり、「あっという間」に過ぎていきます。

ここで、「キークエスチョン」に戻ります。

キー
クエスチョン
2

さて、彼はまず、何から始めるべきでしょうか。
彼のこれからの活動に、どんなリスクが潜んでいるでしょうか。

コーチング研究所では、日本人海外駐在員の「リーダーシップ」と、「職場の活性度」に関するリサーチを行っています。

次にご紹介するのは日本人駐在員145人とその部下約1300人へのリサーチ結果です（図表16参照）。

多くの海外現地法人の中でも、社員のやる気が高かったり、社員間の協力関係が強い組織、つまり「職場の活性度」が高い組織があります。そのような組織では、駐在員リーダーにどのような行動特性が見られるか、を調査しています。

駐在員リーダーたちのどのような行動が、現地社員のやりがいを引き出し、活気のある職場作りに影響しているのでしょうか。

図表16 「職場の活性度」と相関の高い「駐在員リーダーの行動」トップ3

- 1位（0.64） 駐在員リーダーは、赴任期間中の自身のミッションを部下に伝えている
- 1位（0.64） 駐在員リーダーは、異なる考え方や価値観を尊重している
- 3位（0.63） 駐在員リーダーの言動を通して、本社トップの考えるビジョンやコア・バリューが伝わってくる

※( )：相関係数

（出典）コーチング研究所「Leadership Assessment for Expats　駐在員アセスメント」

このデータから気付くことは、「職場の活性度」に対して相関があると思われる「駐在員リーダーの行動」トップ3のうち、2つが「ミッション」や「ビジョン」といった大きな方向性に関わる項目であるということです。

駐在員リーダーが「ミッション」「ビジョン」といった大きな方向性を示している組織ほど「職場の活性度」が高いということです。

つまり、ここから言えることは、**現地社員は海外からやってきたリーダーから「あなたは、何をしにこの国に来たのか？」を**

聞きたがっているということではないでしょうか。しかも、これは着任してすぐに、そして、そこから繰り返し伝えることが求められています。

では着任後の時点で、あなた自身の「ミッション」「ビジョン」は、どのくらい明らかになっているでしょうか？

これは赴任前の「たな卸し」でも取り組んだテーマですが、現地に着任後にも、なお、「ミッション」「ビジョン」を磨き上げていかなければなりません。

ここでポイントとなるのは、「ミッション」「ビジョン」が明確になっている状態とは、「自分自身がよく分かっている」ことがゴールではないということです。目指すのは「自分自身も理解し、周囲にも伝えられている状態」です。「ミッション」「ビジョン」は、自分だけが理解していても、意味がありません。リーダーとしては、「ミッション」「ビジョン」が周囲に十分に伝わった状態を作れなければ、それはないも同然なのです。

では、「相手に伝わるミッション・ビジョン」とは、どんなものでしょうか。

そもそも、あなたは「ミッション・ビジョン」を明確にしようとするとき、これまでに自分自身にどのような問いかけをしたでしょうか。

私がコーチングセッションで多くの駐在員の方から聞かれた「問い」は、次のようなものでした。


「上司に、赴任を伝えられた際に、何と言われたか」

「会社の状態を考えると、今必要なことは何か」

「前任者が何と言っているか」


これらも決して無駄な問いかけではありませんが、このような問いから出た「ミッション・ビジョン」だけでは、残念ながら、「伝わらないミッション・ビジョン」になっている可能性が高いのです。

「相手に伝わるミッション・ビジョン」とは、それが実現された状態を自分も相手も具体的にイメージができる、ということです。

そして、相手がイメージできるものとは、「会社としてどうあるべき」かだけではなく、

「私はこうしたい」という、あなた自身の思いと、あなたの内側にあるイメージに基づくものである必要があります。

聞き手にはすぐに分かるものです。その「ミッション・ビジョン」があなた自身の言葉によって紡ぎ出されたものなのか、他の誰かの言葉を用いたものなのか。

あるとき、クライアントの駐在員リーダーが海外赴任に当たってのミッションとビジョンを、A4用紙1枚ほどの文章にしてメールで送ってくださいました。

それを読み合わせながら、私にふとこんな質問が浮かんできました。

「たとえばこの紙を、あなたが社内に落としてしまったとして、これを読んだあなたの同僚は、誰が書いたものだと想像するのでしょうか？」

これはひとつの「伝わるミッション・ビジョン」の試金石になります。もし、あなたの周囲が、読んだそばから「これは、〇〇さんのものだ」とすぐに分かるようなら、それは伝わる「ミッション・ビジョン」と言えます。「誰のものか見当もつかない」というようであれば、もう一度見直しが必要でしょう。

誰のものかが判別がつかないミッション・ビジョンは、まるで企業のホームページにでもありそうなキレイな文章で書かれているものです。企業のホームページや会社紹介に書いてありそうな文言というのは、「主語」がありません。抽象度も高いものです。誤解を恐れずに言えば「当たり障りのない」ものが多いのです。そのような表現のミッションから、聞き手が具体的なイメージを生み出すのは、ほとんど不可能なのです。

他者に伝わる「ミッション・ビジョン」には、必ず主語があります。そして、そこには、その人の経験と価値観に基づく言葉の選択がされていますので、よりリアリティを帯びたものとなるはずです。

あなたの「ミッション・ビジョン」を、あなた自身の言葉で語れる状態を目指してください。

リアリティがあり、他者に伝わる「ミッション・ビジョン」を構築するための質問例をご紹介します。

【ミッション・ビジョンを言語化するための質問例】

◇あなたの働く現地法人のゴール、目指す姿はどんなものですか？
◇それはいつごろまでに達成する必要がありますか？
◇あなたの赴任先の組織が右記のゴールを達成すると、誰にどんな影響がありますか？
（例：社員、顧客、マーケット、本社）
◇その組織のゴールを達成したとしたら、その次のゴールは何でしょうか？
◇このゴールに対して、あなた自身の役割は何ですか？　何に責任を持ちたいですか？
◇あなたにはどんな成長が求められますか？
◇あなた自身が達成したいと心から思っていることは何ですか？
◇今回の赴任は、あなたの今後のキャリアにとって、どんな位置付けになりますか？
◇この赴任の後には、どんなことをやりたいですか？
◇業務上のみに限らず、赴任先でやってみたいことはどんなことですか？
◇今回の赴任におけるあなたなりのテーマを一言でまとめると、どうなりますか？

これらの質問に答えるように、書き出してみたり誰かに話していく過程を通じて、「伝わるミッション・ビジョン」を目指しましょう。最初から完璧を目指す必要はありません。どんなリーダーであっても、多くの時間と労力をかけて、練り上げているのです。

あらためて言うと、ここで申し上げている「ミッション」とは、任務や役割という狭義の意味ではなく、実現したい目的やその人のあるべき姿といった、より大きな意味を指しています。

さらに、現地スタッフが求めている「ミッション」とは、**目の前に現れた駐在員自身の、現地ビジネスに対する価値観やスタンスといった「意図」を知りたい**ということなのです。

ここで、ある興味深いデータをご紹介します。

企業の「ミッション」を表現する「理念」について、日本企業とアメリカ企業を比較したデータです（図表17参照）。

図表17 **経営理念の日米比較**

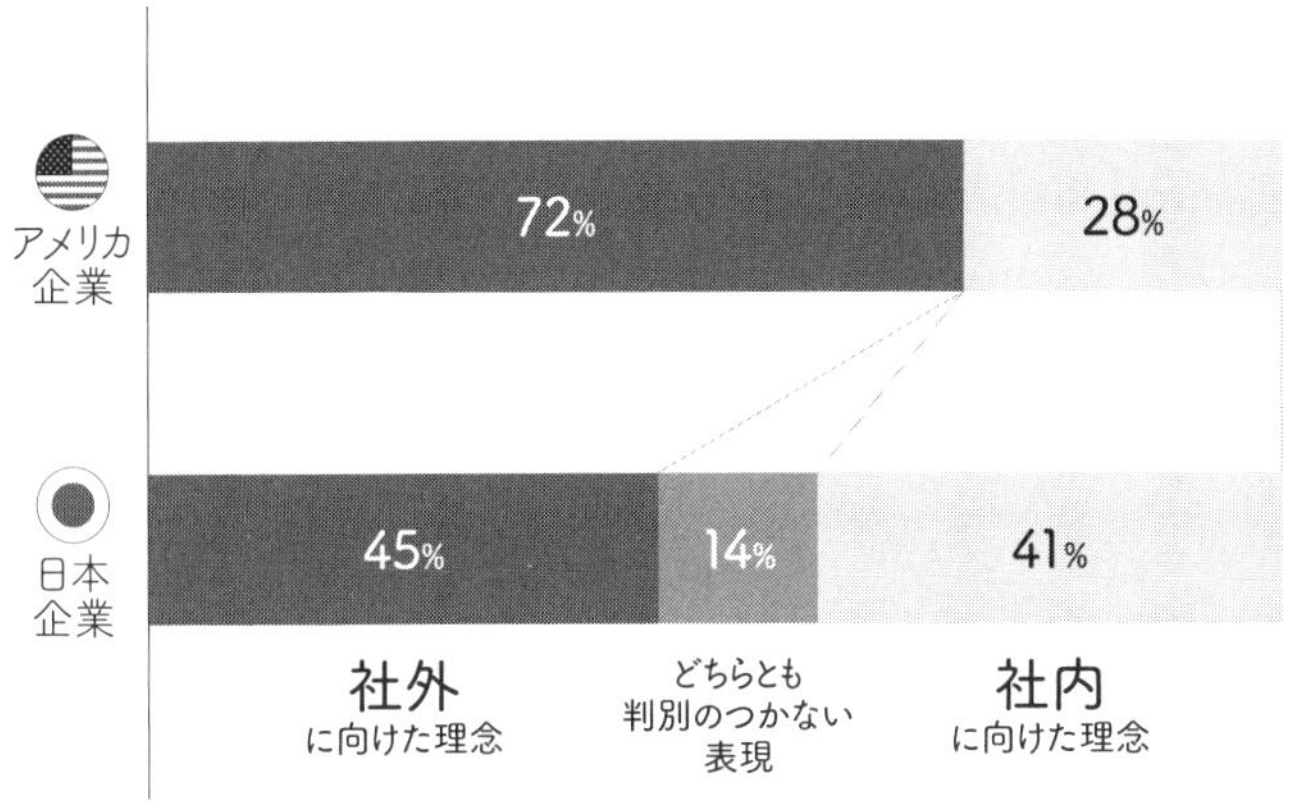

(出典)『異文化マネジメントの理論と実践』太田正孝編著(同文舘出版)

それぞれの企業で「理念」に使われているキーワードを大別して分析してみると、そこには明らかな違いが存在します。

アメリカの理念は、顧客や株主といった社外に向けた理念が72%、社内(従業員)に向けた理念が28%と、はっきりと大別されます。

一方で、日本企業の理念には、社外に向けたものが45%、社内に向けたものが41%に加え、そのどちらとも判別がつかない表現が14%を占めます。

どちらとも判別がつかない表現が14%もある、ということが日本企業の特徴なのですが、それはたとえば、「良識」「絆」「公明正大」といった日本文化の美徳とされるような非常に抽象度の高い表現なのです。

つまり、日本企業の掲げるミッションとしての「理念」や「方向性」は、たとえ現地の言語に翻訳されていたとしても、現地社員にとっては実感を持って捉えにくいものであることが多いのです。

だからこそ、日本企業で働く現地社員たちは、リーダーである日本人駐在員一人ひとりが「なぜ、自分はここに来たのか」を自分の言葉で語ることや、会社が示す抽象的なミッションを共に解釈してくれるサポートを必要としているのではないでしょうか。

これは、中国に5年間駐在されていた方のお話です。

赴任日初日、夜遅いフライトで現地に降り立った彼は、その足でホテルではなく、新しい上司である駐在員リーダーに天安門広場に連れて行かれたそうです。

「君もこれからこの土地でお世話になるのだから、きちんと挨拶をしよう」

上司は、そう伝えました。

旅路を歩む

彼が到着初日に天安門広場を訪れたことは、彼が初めて出社したときには、すでに社員の多くが知ることとなっていたそうです。「この事実があることで、現地社員の反応が全然違ったことを今でもよく覚えている」。そのように話されていました。

私はそのお話を聞いて、その方の上司である駐在員リーダーの、現地の人や文化、ビジネスに対する「意図」が、言葉以上に伝わったことを意味しているように思いました。

世界各地で活躍されている日本人駐在員の方のお話をうかがっていると、日本人同士であれば感覚的に理解し、共有できる「ミッション」や「ビジョン」を、言葉と行動を尽くして異国の相手に伝わるように、日々心を砕いていることに気づかされます。

まずは、ユーフォリア期だからこそ伝えられる「ミッション・ビジョン」を、あなたなりの伝え方で表現していきましょう。

2 違和感を「申し送り」しよう

そして、もうひとつユーフォリア期間としての最初の1〜2か月間は、新鮮な目で自分の職場を観察することのできる貴重な時間でもあります。その環境にすっかり馴染んでしまった後では捉えにくくなる、その職場の特徴を捉えることができます。それは、その職場の文化とも言えます。

「(文化とは) 金魚が入っている水槽の水のようなものである」

これは前述した『異文化理解力』の著者、エリン・メイヤー氏の言葉です。水槽の外側から見たら、その水槽にどんな水が入っているかは一目瞭然であっても、金魚の立場からはよく分からない。つまりは文化とは、その組織の内側に入ってしまったら、自覚できなくなってしまうものである、ということです。駐在員リーダーの重要な役割のひとつは、職場の「文化」を作っていくことにあると思います。より良い企業文化を築いていくためには、今現在どのような文化がそこにあるのか、という自覚がまず必要です。駐在員リーダーにとって、組織の外側から来たばかりのユーフォリア期間は、「水槽の外側」から、すでにそこにある「文化」をよく観察することのできる、貴重な期間なのです。

旅路を歩む

Coaching case 5

タイに赴任する前に、共にミッションとビジョンを描いたクライアントGさんがいらっしゃいました。そのミッションとビジョンの一部はこのようなものでした。

◇ 日本人主導の組織を、現地スタッフ主導のチームに変える。
◇ 5年後の帰任時までには、現地スタッフの中からマネジメントを輩出する。
◇ 日本人駐在員の役割を、現地スタッフのビジネス推進のサポート役に徐々に変えていく。

そのために、必要なチームの状態として、次の3つを掲げられました。

◇ 日常的なコミュニケーションの多さ。
◇ 良いことも悪いことも話し合う風通しの良さ。

◇一人ひとりのやりがいと自律。

そして赴任されて2週間後、赴任後初めてのコーチングセッションがあり、Gさんはこうおっしゃいました。

「赴任してすぐに、驚いたことがあります。オフィスが日本人のエリア、現地スタッフのエリア、と高いパーテーションで区切られているのです。これはとても違和感があります。

それから、お昼時間が、日本人は12時から。現地スタッフは、13時からなのです。これじゃ一緒にご飯も行けない。

私の最初の仕事は、この2つを変えることかな、と思っています。今、総務のスタッフと新しいオフィスレイアウトを相談し始めたところです」

私はこれまでにたくさんの会社をご訪問してきましたが、確かにオフィスのレイアウトや勤務時間の設定は、その会社の文化と大切にしている価値観をとてもよく表していると感じます。

しかし、赴任してすぐにはこのような違和感を持ったとしても、毎日職場に通ううちに、「こんなものかな」と違和感もだんだんと感じることができなくなってしまいます。Gさんは、赴任前にミッション・ビジョンを描いていたからこそ、あるべき姿とのギャップに気づくことができたのです。

「今だからこそ持つのできるこのような違和感は、自分にとってはとても大事だと思いました」とGさんはおっしゃいました。Gさんがその後に取り組んだことは、まずは100日間、ちょっとしたことであっても、「なんでだろう」と違和感を持ったものについては、メモを残していくということでした。

私たちはこれを、未来の自分への**「違和感の申し送り」**と呼ぶことにしました。

そしてそれは、後にGさんのマネジメントに、大いに役立ったのです。

Gさんの100日間メモの一部をご紹介しましょう。

【100日間メモ】

◇自分の「社長室」は本当に機能的か？　この部屋に入ってしまうと、社員からちょっとした相談や気軽なコミュニケーションがほとんどできない。

◇タイ人スタッフの中で、リーダー的な役割を担っている人は誰か？　キーパーソンが見えない。

◇自分自身がお客さんのところへ呼ばれて行くことが、想像していたよりも多い。それに向けた準備も入れると、業務時間の半分くらいの時間が割かれている。

◇駐在員だけが一人一台、社用車を持っている。本当に必要なのはタイ人スタッフなのではないか？

◇タイ人スタッフは、何か不満を抱えていそうだが、なかなか本音が出てこない。彼らから意見を引き出すコミュニケーションの方法とはどのようなものか？

◇駐在員はほとんど日本語で仕事をしているが、タイ人スタッフは本当に理解しているだろうか？

◇営業よりも、製造のスタッフからネガティブな話が上がってくることが多いのはな

旅路を歩む

ぜだろうか？
◇ 組織単位がとても細かく分かれている。
◇ 社内ミーティングの数が多い。

これがどんな風に役立ったのか、Gさんの活動をご紹介しましょう。
ある日のコーチングセッションで、彼はたまってきた100日間メモを眺めながら、こう話しました。

「今、この組織にあるのは、『日本人中心文化』『本音を言い合わない文化』です。これを変えようと思う。突き詰めると、変えるべきなのはコミュニケーションなんですよね」

「駐在員と現地スタッフ。技術部門と営業部門。上司と部下。それぞれがどのくらいコミュニケーションがとれているか、関係が築けているか。そこに尽きる。自分の役割は、これらをどうつないでいくのか、ということなんでしょうね」

そこで、手始めにGさんが自分に出した宿題は、「内線電話を使わない」というものでした。何か用事があったら、建物中を歩いて担当者を探しに行きます。実際に行ってみたら担当者が不在で席にいない、という「空振り」ももちろんあるけれども、「それはそれで良し」としました。

日頃、Gさん自身がお客さまに呼び出されることも多く、気づけば社内のコミュニケーションの優先順位が下がってしまう、という自分自身の状態を問題視し、まずはこのルールを自分に課されたのでした。

彼は言います。「この『内線電話を使わないルール』をやってみて分かったことがたくさんあります。社内で用事がある先に向かっている途中、必ず適当なところに寄り道をするんです。すると、その場でいろんな相談や報告が来るんです。『社長、ちょっとだけいいですか』と。これが実は大事な話が多い。聞いておいてよかった、という情報の宝の山です。

この前は、こっそりある作業部屋に入ってみたんです。そしたらタイ人スタッフが自分を見つけて近づいてきて、今自分たちがどんな仕事をしているのか、何が課題と感じているか、求めなくても勝手に説明してくれました。おかげで職場の様子が、手に取るように見えるようになりました。会議でいろんな話を聞いていても、その背景がよく分かるので、情報が立体的に聞き取れるんですよ。

最近の社内では少しずつ、社長が職場をうろうろするのが当たり前という雰囲気ができつつありますよ」

次に、Gさんが取り組んだことは、タイ人スタッフが、会社をより良くするための議論をする「委員会」を立ち上げることでした。

「どうすればもっと本音が出てくるのだろうか、とずっと考えていたら、『社長と1対1では、意見を言いにくいと思う』とタイ人アシスタントにアドバイスをもらったのです。そこで、10人以下の会議体にすることにしました。この中で、会社をより良くするための、さまざまな意見をタイ人同士で議論してもらいます。この場で、どれだけタイ人が本音をぶつけてくれるか、そしてそれに私がどのように向き合えるかということが大事だと思っています」

その委員会で出てきた意見は、「もっと技術を学びたい」「日本語を勉強したい」「データ回線環境を改善してほしい」といったものから、「日本人に英語で話してほしい」「給与を上げてくれ」「ボーナスがほしい」というようなものまで、さまざまでした。

「話を進めていく中で、『これは日本人の特権だから、私たちには与えられない』とタイ人が思い込んでいることもたくさんあることに気づいた。これまではそういうことは、タブーとされていて触れられてこなかったようなんです。そういうことにも私はどんどん触れて、向き合っていくことにしました」

「文化」とは、組織の中に「当たり前」としてあるものであり、触れてはいけない「暗黙の了解」として存在するものです。もしリーダーが、より良い文化、新しい文化に変えていこうと思うのであれば、そこに触れなければなりません。

委員会で出てきた意見のひとつに、「タイ人スタッフも社用車を使えるようにして

トランジションの
旅路を歩む

もらいたい」というものがありました。これはご本人の100日間メモにも書かれていたことでしたので、彼はすぐにタイ人スタッフも共用で使えるようにしようと決めました。

これを実現するに当たっては、駐在員からの強い抵抗がありました。しかし、Gさんにとっては「これからの主役はタイ人スタッフだ」ということを他の日本人駐在員にも示すことができた、良い決意表明の機会となったそうです。

このようないくつかの意思決定を経て、「この会社が目指すのは、タイ人主体の文化。本音を言い合う文化。日本人はタイ人のサポーターになる」というビジョンを繰り返し駐在員とも共有することができたとのことでした。

結果的に、その委員会から20ほどの提案が出てきました。Gさんは、そのうちの約半分を改善する意思決定をして、実行に移したのでした。

半年後、Gさんはこれらの取り組みを振り返って、成果として次の3つを挙げました。

1つは、継続している委員会で、タイ人スタッフから不満や愚痴ではなく、たくさんの「建設的な意見」が出てくるようになったこと。

Gさんは言います。「最近とった全社アンケートの結果を見たときに、自分には新たな気づきがなかったんです。それだけ、普段のコミュニケーションで問題や意見をあぶり出すことができているということだと思う」

2つ目は、営業部門と技術部門が一緒になって仕事をするようになったこと。

「今までは、これは営業の仕事、ここからは技術の仕事、とぶつ切りに仕事をしていて、最後に帳尻を合わせるという様子だったのですが、最近は、お客さんのところに一緒に提案をしにいくという姿をよく見るようになった。委員会などの全社共通のコミュニケーションの場を通じて、部門間の壁が徐々に取り払えてきているようです。

部門を超えた横串ミーティングというものも、たくさん開催されるようになった。今はまだ非効率なところもありますが、全員でアイデアを出して、可能性をシェアして、そういう仕事ができ始めています」

3つ目は、「今回の社長は会社をこの方向に持っていきたいのだ」というビジョンを、早い段階で多くのスタッフに理解してもらうことができたこと。口で言うだけではなく、行動で示すことで、そのスピードは上がったようだった、と言います。

「本当に組織として目指す姿を実現するには、まだまだ取り組むことが山積みですが、100日間のうちに書き留めたメモが、いつも自分を初心に返らせてくれます」

　ユーフォリア期のあなたからの申し送りが、見えにくいその組織の「文化」を知るための、そしてその後の組織作りのヒントを教えてくれるはずです。

　また、他の方ともこのメモに取り組みながら、このメモのもうひとつの効果を発見しました。それは、「むやみに前任者を否定しないで済む」ことです。これは、本書冒頭のキークエスチョンにもあるユーフォリア期に潜む「リスク」とも言えます。

やる気の高い駐在員の方ほど、「変えていきたい」という思いが強く、無意識にも前任者のやってきたことを否定することが多くあります。

それがすべて悪いわけではありません。リーダーが代わることは、組織が変わる好機でもありますから、変化を起こしていって当然です。しかし、何を変えて、「何を変えないのか」を慎重に見ていく必要があります。

従業員にとっては、前任者もまぎれもないリーダーであり、その方針を信じて取り組んできたことが数多くあるわけです。前任者の否定は、これまでにスタッフが尽力してきたことへの否定にもつながりかねません。「変えないこと」も意識的に示していくことで、スタッフは安心して変えていくことを受け入れるでしょう。

その際に、「違和感はいったん、メモをする」というプロセスを踏むことで、何を変え、何を残すのか、一定の「間」を設けながら選択していくことができるでしょう。

これも、ユーフォリア期だからこそ取り組みたいことのひとつです。

Phase 2

カルチャーショック期／回復期（赴任後1か月〜6か月ほど）

1 サポート環境を築く

ユーフォリア期が終わりに近づくと、次第に「うまくいかない」「イライラする」などと感じることが多くなっていきます。

誰しもが経験する「カルチャーショック期」の始まりです。

この時期には、ユーフォリア期にあったその土地や新しい職場環境に対する新鮮さが薄れ、仕事の中でもなかなか思うようにいかないことに目が向くようになります。この後の適応期に入るまでは、ものの見方が批判的になる傾向にあります。その点では、この時期の「発信」には気をつけたいものです。現地の風習・カルチャーなどに対する駐在員の愚痴や批判に、辟易としている現地社員は少なくありません。願わくば、いち早くカルチャーショック期を乗り越え、回復期そして次の適応期に向かっていきたいものです。

ここで、本書冒頭のキークエスチョンに立ち返ります。

キー
クエスチョン
3

いち早く回復期を迎えるには、何がポイントとなるでしょうか。

あなたがカルチャーショック期を乗り切るためには、**サポート環境を十分に築けているかどうか**、がカギになります。

ここで言うサポート環境のひとつとして、まずは、**利害関係のない「良い聞き手」**を確保できるといいでしょう。これは「良いアドバイザー」ではなく「良い聞き手」である、というところがポイントです。

このような不安定な時期には、人は他者からアドバイスをされても、なかなか聞き入れることが難しい状態にあります。状況が変化し続ける時期でもあり、他者がくれるその貴重なアドバイスも、なかなか本人の状況にはぴったりとマッチしにくいというのが実際のところです。

この時期の私たちに必要なのは、「**サウンディングボード（共鳴板）**」なのです。

Coaching case 6

これは、私がコーチをしているシンガポール駐在のHさんとのセッションでした。Hさんは、シンガポールに移られてから、約半年というタイミングでした。それまでのセッションでは、常に前向きで機知に富んだ話が展開されていましたが、その日はスタートから様子が違いました。

「このままじゃ、まずいんです」と開口一番、強い口調でおっしゃいました。そしてすぐにHさんは続けます。

「このチームが失敗するのは目に見えている。やり方を根本的に変えないといけない。このチームの今までの意思決定の仕方では、スピードが遅すぎる。チームのナンバー2はそれが分かっていない。私の期待に応えていないのです」

私「その危機感はどこから来るものですか?」

Hさん「何って、私の経験からです。自分はアメリカにいたときに、何度もこういったプロジェクトをマネジメントしてきたので、このようなときにどうするべきか、よく分かっているのです」

私「そうなのですね。では、あなたと同じような危機感を持っているのは誰……(でしょうかと言おうとした)」

Hさん「(話をさえぎって)自分のボスとか、グローバルヘッドはよく分かっている。彼らの理解は十分に得ている。だから、後はやるだけなんだ……」

そこからHさんは、30分ほど、息もつけないようなスピードで、話し続けました。

30分たってから、彼の話が途切れたところで、私はフィードバックをお伝えすることにしました。

私「気づいたことをお伝えしてもいいですか？　今日のあなたは、いつもより呼吸が浅いようです。話すスピードも、いつもよりも速くなっていて、私はメモもとれないほどです。あなたにしては珍しく、私の質問をさえぎるような場面もありました。緊張感とか焦燥感とか、そういうものが伝わってきます」

Hさん「本当ですか？　それは気がつかなかった。自分がそんな風になっていたなんて……。思っている以上に今の状況にストレスを感じているのだろうか……」

トランジションの期間、私たちの状態は良くも悪くも、絶えず変化していきます。しかし、その変化は自分自身では、気づきにくいものなのです。

「サウンディングボード（共鳴板）」とは、私たちの話を、評価や批評を加えずに、聞き取り、共鳴してくれる対話の相手です。自分の曖昧で混乱した思考を整理し、輪郭をはっきりさせることを手伝う役割を果たします。言わば「自分との対話」を手伝ってくれるパートナーです。

この時期のあなたの視点は、ネガティブなこと、できていないこと、リスクなどに焦点が当たりがちです。そのような現状について、誰かにつぶさに話す時間を手に入れることができれば、だんだんと自分の中でも整理がついていき、冷静に状況を把握し直すことが可能になります。これも状況を客観視する「ディソシエーション」の方法です。そのような「良い聞き手」と話していると、初めは呼吸も、浅く重心が上のほうに上がっている状態から、だんだんと呼吸が深くなり、重心も下がって、落ち着いてくるのを感じられるはずです。

そして、最後に必ずフィードバックをもらってください。「今の自分がどう見えるか、自分の話がどう聞こえるか」聞いてみてください。自分には見えていない自分の姿が見えてくるはずです。

評価や批判を加えずに、あなたの話をよく聞いてもらうためには、利害関係のない相手を選ぶのがいいでしょう。それはある人にとっては、ご家族かもしれません。同じ駐在ポジションの違う地域の同僚に依頼されている方もいました。同じ地域に駐在している異業種の方がふさわしいかもしれません。コーチやカウンセラーのようなプロに依頼するのもひとつの手でしょう。

このような「良い聞き手」を周囲に見つけることができるという方は、もしかしたら少ないかもしれません。なかなか見つからない場合には、「対話ノート」作りをお勧めします。前述の「100日間メモ」に続けて、自分が違和感を持ったこと、変えたいこと、指摘したいことや不安に思うこと、などどんなことでもノートをつけてみてください。

何日か置いて、また書かれた内容を眺めてみましょう。

あなたの捉えている事実、それは、本当でしょうか？　違う見方はあるでしょうか？　あなたがまだ見えていない事実があるとしたら、それは誰からのどんな視点でしょうか？

あなたの部下・上司・あるいはお客さまなど、まったく別の立場に立ってみると、何が言えそうでしょうか？

また、そのノートには、あなたの「感情」についても同時に書き出すよう意識してみてください。「感情」を言葉にして表現することは、多少難しさを感じるかもしれませんが、その表現しにくいものにも、言葉を当てはめてみましょう。

「焦り」「じりじりする」「もやもや」「不安」「落胆」「がっかり」「残念」「イラつき」他にはどんな言葉があるでしょうか。

不安定なこの時期は、あなたの感情も忙しく揺れ動いているはずです。その感情を自分で認識していなければ、無意識に周囲にその感情を発散してしまっているかもしれません。

この「書き出す」という行為が、自分の状態の客観視、すなわち「ディソシエーション」の視点を確保することを助けます。

もうひとつの事例を挙げましょう。

Coaching case 7

あるセッションでは、ドイツに駐在中のIさん（赴任後3か月）が、セッションの

トランジションの
旅路を歩む

冒頭で「今日は何を話していいのか、分からない」と、いつもより小さな声でおっしゃいました。その背景を聞いてみると、ここ2週間、あまりにも自分のコントロール外のことが日々起こってしまっていて、何に焦点を当てるべきなのか、意識が散漫になってしまっている、ということなのです。

そこで、私はひとつ提案をしてみました。

「では、あなたの頭の中を、ひとつの円グラフで表現してみませんか？　100％があなたの頭の中のすべてです。時間をかけている量ではなく、あなたの意識の占有率です。プライベートも仕事も両方含めてください」

すると、Iさんが書き上げた円グラフは、40％が「本社からの文脈が不明な指示」でした。

それを見て、書いたご本人が驚いていました。

「なんとなく気がかりだとは思っていたが、ここまで自分の意識を占領しているとは思ってもみなかった」

自分の状態を知ることで、新しい行動の選択肢が見えてきます。
「本社の上司と、とにかく一度話してみます。自分が現地の状態をなんとかしなくてはと思いすぎていて、日本とのコミュニケーションが不足していたのですね」

この時期のあなたは、まだまだ生活環境も整わない中にいます。それでも、仕事は次々に前へ進めていかねばなりません。この時期を乗り越えるためのサポート環境を整えましょう。自分がどのような状態に置かれているのかを把握する、客観視するための「自分との対話」の場を確保しましょう。これはこの時期、優先順位を上げて取り組むべきことです。

2 自分自身のストレス傾向を知る

そしてこの時期に、私たちは「ファウンデーション」が崩れやすくなります。先述の通りファウンデーションとは、「自己基盤」のことです。家などの建築物で言うと、「基礎」

となるもの。

家も人間も、この基盤がしっかりしていないと、次の行動やチャレンジをしようとしても、グラグラしてしまい、前進することができません。

人はファウンデーションが崩れた状態にあると、結果として、次のような傾向が表れます。

◇仕事上で、普段はしないようなミスや抜け漏れなどが増える。
◇人間関係でもめごとや衝突を起こしがちになる。
◇やろうと思っても、なかなか行動に移せないことが増える。
◇食事や運動などの生活習慣が乱れる。
◇お金や財産などの管理がままならない。
◇家族や友人・大切な人とのコミュニケーションが十分にとれなくなる。
◇健康状態が崩れがちになる。

このような傾向が見られるときには、「自分との対話」を通じて、ファウンデーションを整えることに、取り組みましょう。

ファウンデーションが崩れるひとつの理由は、過剰なストレス状態にあります。トランジションのプロセスを歩む私たちは、このストレスとの適切な付き合い方も学んでおく必要があります。

ストレスとの付き合い方のポイントには、2つあります。ひとつは**ストレスについての適切な知識を持っていること**。もうひとつは、**自分自身のストレスに関する自己認識を高めること**です。

まずは、ストレスに関する基本的な知識を押さえておきましょう。

あなたは、「ストレス」と聞いて何を連想しますか？

肩こり、肌荒れ、人間関係、上司、お酒を飲む、愚痴を言う……このようなことを連想するでしょうか。

実は、この中には、3つのことが混ざって登場しています。

1　ストレスサイン（肩こり、肌荒れ）……ストレスが高い時に表れる現象
2　ストレッサー（人間関係、上司）……ストレスの要因となるもの
3　ストレスへの対処法（お酒を飲む、愚痴を言う）……ストレス解消のための取り組み

ストレスと適切に付き合っていくには、まずこの3つを分けて捉える必要があります。

本来、ストレスとは、良いものでも悪いものでもありません。スポーツで考えると分かりやすいですが、たとえば非常に大きな試合に出場をして、高い緊張感の中で自己新記録を出す、ということが多くあります。適度なストレス状態があってこそ、発揮される能力があるのです。

コーチングにおいても、クライアントを目標達成に導くコーチというのは、クライアントに適切なストレスレベルをもたらす、ということが分かっています。

図表18を見てください。

図表18 満足度だけが高いコーチと、目標達成もさせるコーチの違い

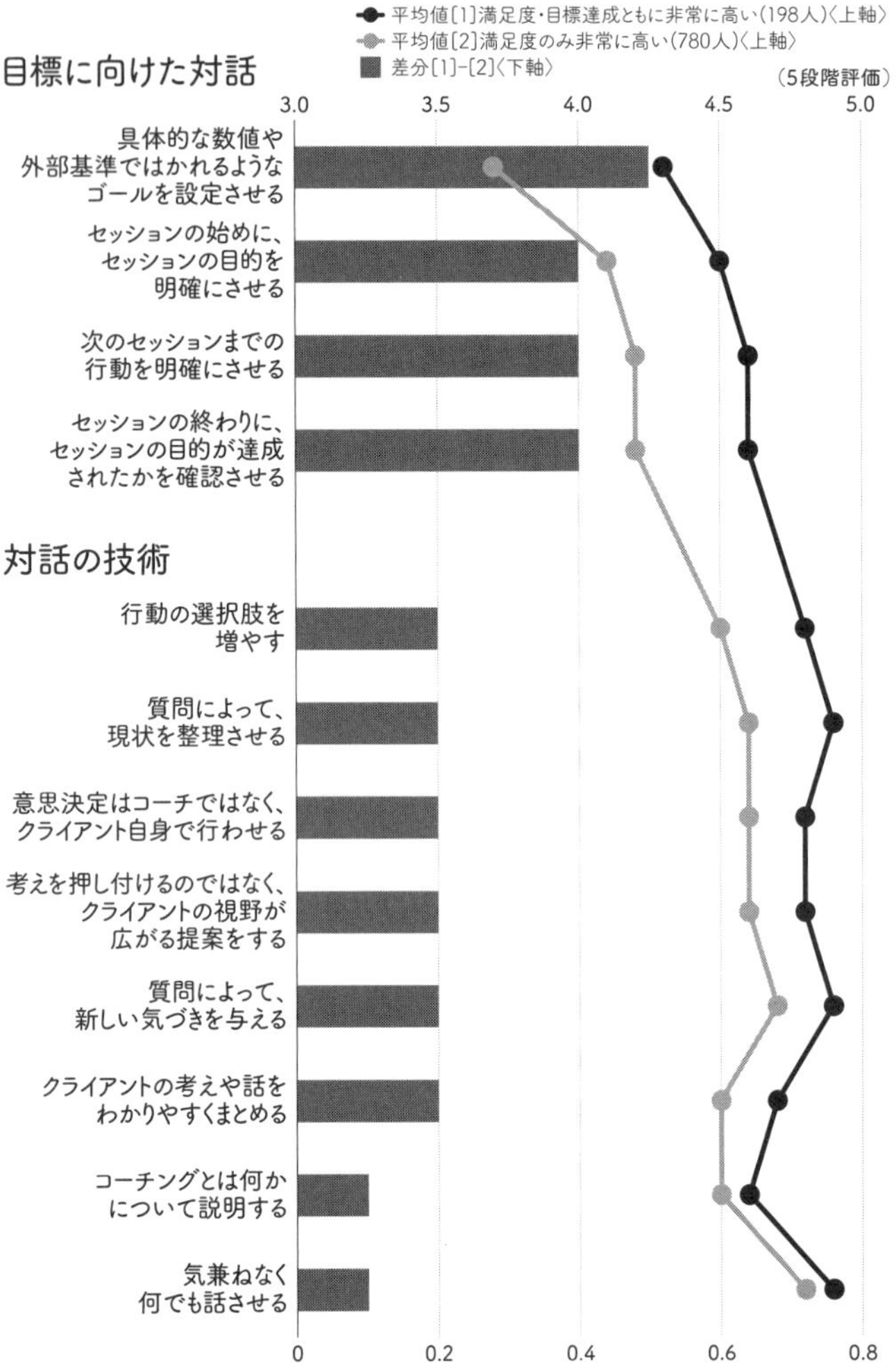

(出典)コーチング研究所「クライアントを目標達成に導くコーチの特長」

ここから分かることは、目標達成に導くコーチは、ただよく話を聞いてくれるだけではない、ということです。目標を具体化させ、とるべき行動をハッキリさせる。相手の状態に合わせて、目標に向けた行動を起こすことを要求していくのです。この点では、もし私たちが適切なストレスレベルをキープすることができれば、むしろストレスがあったほうが高いパフォーマンスを発揮することにつながると言えます。

また、生活をしている以上、何のストレスも感じずに生きることは不可能です。私たちの生活には常に一定のストレスが存在し、これらのストレスと上手く付き合っていく、ということが大事なのです。

では、図表19の質問に回答し、現在のあなたのストレスレベルを計ってみましょう。

アセスメントAは心理面に表れるストレスサインを見ています。アセスメントBは身体面に表れるストレスサインを見ています。それぞれについて自分の状態に近いものを3・2・1・0から選び、合計点を出してみてください。

図表19 ストレスレベルチェック

3＝いつも感じていた　2＝しばしば感じていた
1＝たまに感じていた　0＝まったく感じなかった

A 最近1か月間、以下の項目について、どの程度感じていましたか?

1.	ひどく緊張したり不安な状態になったりした	3	2	1	0
2.	気分がひどく動揺した	3	2	1	0
3.	些細なことにひどく神経質になった	3	2	1	0
4.	虚脱感や無気力感に襲われた	3	2	1	0
5.	落ち着かず、じっとしていられなかった	3	2	1	0
6.	朝まで疲れが残り、仕事に向かう気力が湧いてこなかった	3	2	1	0
7.	周りのできごとに振り回された	3	2	1	0
8.	腹が立って自分の感情を抑えられなかった	3	2	1	0
9.	深刻な悩みが頭から離れなかった	3	2	1	0
10.	物事に集中することができなかった	3	2	1	0
11.	物事が思いどおりにならず、欲求不満に陥った	3	2	1	0
12.	人前に顔を出すのがおっくうになった	3	2	1	0
13.	人の視線が気になった	3	2	1	0
14.	同じ間違いを繰り返してしまった	3	2	1	0
15.	家族や親しい人と一緒のときもくつろげなかった	3	2	1	0

B 最近3か月間、次のような症状がどの程度ありましたか?

1.	不眠	3	2	1	0
2.	心臓の動悸	3	2	1	0
3.	顔や体の一部の痙攣	3	2	1	0
4.	めまい	3	2	1	0
5.	多汗	3	2	1	0
6.	感覚過敏(体にムズムズ、ピリピリとした痛みを感じる)	3	2	1	0
7.	腰痛	3	2	1	0
8.	目の疲れ	3	2	1	0
9.	首や肩のこり	3	2	1	0
10.	頭痛	3	2	1	0
11.	感染症(風邪、咽頭炎、吹き出物など)	3	2	1	0
12.	便秘	3	2	1	0
13.	発熱	3	2	1	0
14.	消化不良	3	2	1	0
15.	下痢	3	2	1	0

(出典)コーチ・エィアカデミア『ストレス・コントロール』

Aについては、12点までが平均レベル、19点までがやや注意、20点以上は心理面でのストレスレベルがかなり高いということを意味します。

Bでは、12点までが平均レベル、17点までがやや注意、20点以上が身体面のストレスレベルがかなり高まっていることを意味します。

ただ、あまりに低い得点の場合（A・Bともに0〜3の得点）も、注意が必要です。本当にストレスが低い場合もありますが、過度のストレス状態から、心身のストレスに対して無感覚となっている場合も想定されるので、見極めが必要になります。

また、あなたが「いつも感じていた」「しばしば感じていた」などに〇をつけた項目に注意してください。これらは、あなたのストレスレベルが高まったときに出やすいサイン（信号）です。これを「ストレスサイン」と呼びます。ストレスサインが頻繁に見られるときには、対処が必要です。

そして、あなたのストレスの要因となっているもののことを、「ストレッサー」と言います。あなたには、特定できるような具体的な要因があるでしょうか？　もし、明らかにひとつのストレッサーが大きい要因になっているようなら、それを取り除く、環境を変えるなど、対応策を検討しましょう。

ストレスサインとストレッサーは、人によってかなり異なります。何がストレスの要因になるのかも、どのようなストレスサインが出るのかも人によって違うのです。自分自身のストレスサインとストレッサーになりやすい事柄を把握しておきましょう。これがストレスに関する自己認識レベルを上げていくことになります。

ストレスレベルが高すぎるときには、さまざまな対処法がありますが、シンプルに言えることは、**ストレスサインを「無視しない」**こと。**ストレッサーに対して「無理をしない」**ということが何よりも大事です。

アメリカに現地法人の社長として赴任しているJさんとのコーチングです。Jさんが、デトロイトに異動されたところでコーチングがスタートしました。スタートから1か月半、3回セッションが終わったところでした。Jさんはここまで毎回、「ゴールらしきもの」についてお話しされるのですが、いっこうに具体的な行動を起こす気配がありません。

「本来はこうすべきなんだけど……」「こうしたいとは思っているんだけど……」と同じような話を繰り返し、セッションの終わりに近づくと、「また次までに自分でよく考えてきます」と終わるのです。ご本人も何だかもやもやとして、苦しんでいるようでした。

私はここまでのセッションで伝わってきたことを、フィードバックとして伝えてみることにしました。

私「ひとつ、気づいたことをお伝えしてもいいでしょうか。Jさんは、今のポジシヨンで、何かとても大きなことを成し遂げよう、成し遂げなければいけない、と感じていらっしゃるように聞こえます」

Jさん「……たしかに、その通りです」

私「それは、誰かからの期待なのでしょうか？」

Jさん「いいえ、上司である役員からは、今回会社としても初めての挑戦なので、焦らずじっくり取り組んでよいと言われています。でも、なぜでしょう、とても焦っています。社長という立場なのに、思うように何もできていない自分が情けなくて……」

このセッションでは、特段大きな結論が出ないまま、こうして終わりました。

そして、次のセッションでは、ご本人から、それまでには見られなかった具体的な行動の報告がありました。

私「ずいぶんと前進されたように聞こえます。何か、心境の変化がありましたか」

Jさん「前回、お話しした後、なんだか肩の力が抜けたんです。何でこんなに焦って、力んでいるんだろうって。そうしたら、社内のいろんな人と話せるようになった。話しているうちに、自分が何をすべきか、見えてきたんです」

後から一緒に振り返ってみると、Jさんにとってのストレッサー（ストレス要因）は、「社長」というポジションへの、ご本人の意味付けだったのです。「社長」なのだから、何か大きな難しい仕事をしなければいけない。「社長」なのだから、社員の尊敬を集めなければいけない。Jさんは、そう強く思い込んでいました。しかし実際には、言語の壁も大きく、前例もないミッションだったため、なかなか一足飛びにはいかないものだったのです。

Jさんは自分に無理難題を課すことをやめ、「今の自分にできること」に集中して取り組み始めました。そうすることで次第に「ストレスレベル」が下がり、視野も広がったようでした。

自身のストレスレベルを把握する、ストレッサーを特定して言葉にする。そこから対処できることが多くあります。今、あなたのストレスレベルはどのような状態と言えそうでしょうか。

一方で、トランジションの最中では、ストレッサーが複雑に絡み合っていて特定できないケースも多くあります。

その場合のひとつのポイントは、**「自分がコントロールできること」にまずはエネルギーを集中すること**です。高ストレス環境にいらっしゃる方の多くは、セッションの中で「自分がコントロールできないこと」について語ることに大半の時間を費やします。日本本社の決裁方法、現地社員が持っている独自の文化、顧客を取り巻く環境など……。しかし、コントロールできないことに意識を向ければ向けるほど、私たちのストレスは高くなる一方です。

どんな小さなことであっても、コントロールできることに意識を向けると、少しずつ自信とエネルギーが回復していくことに気づくのではないでしょうか。

この意味で、どんな人でも今すぐできる行動がひとつあります。それは、「呼吸」です。ファウンデーションが崩れがちなとき、多くの人の「呼吸が浅い」ことに気がつきます。私たちは、自分の体でありながら、ほとんどの内臓を即座にコントロールすることはできません。しかし、肺を使った呼吸だけは、意識的に今すぐ変えることができます。肺は自分の意識でコントロールすることのできる唯一の臓器なのです。

大きく深呼吸をする。ゆっくり息を吸って吐く時間を、毎日1分間でも確保してみましょう。今とは少しだけ違う視点から、ものごとを見ることができるかもしれません。

多くのクライアントは、高いポジションで赴任されると、ついつい自分のことを後回しにしがちです。しかしカルチャーショック期をいち早く切り抜けるためには、ぜひ自らのファウンデーションを整えることを優先してください。そしてストレスマネジメントの視点を忘れずに自分を十分にケアすることが、結果的には、何よりも実業務の役に立つのです。

Column

グローバル人事の視点から
～住友電気工業 太田垣宏さんに聞く～

ここまでは、私と駐在員リーダーの視点からトランジション・プロセスを考察してきました。ここで、多くの駐在員を送り出し、また海外からの帰任を受け入れる立場であるグローバル人事の方の視点もご紹介したいと思います。

太田垣さんは、ご自身もドイツとチュニジアに駐在されたご経験があり、帰国後2010年ごろから、住友電工では最初のグローバル人事として、駐在員や海外スタッフの人事的な戦略と支援をされてこられました。

▼ここ10年間で、海外駐在員が置かれている環境の変化にはどんなものがあると思われますか？

駐在員が取り巻かれている環境に変化があるとしたら、日本側がすごく変わってきていると思います。ワークライフバランスの考え方が進んできていたり、多くのことがシステム化されてきたり。日本本社の仕事の仕方がどんどん進化してきた10年間だったと思います。

そういう意味では、環境が整った職場で業務経験をしてきた人が、今、海外現地に行くと、昔ながらの工場、仕事の進み方、システムなど、日本に比べると、まだまだ環境が整っていないところも多い。そこにギャップを感じる人が増えてきているかもしれません。日本で苦労した経験のない人が、海外に行って、経験したことのないような苦労を知ることになっている、と言えるかもしれませんね。

もうひとつは、弊社の場合、海外現地法人は、80年代から90年代に作った会社が多いのですが、そのころに雇用したローカルスタッフが、今もまだ働いてくれています。そうすると、会社立ち上げ当初は20代や30代と若かったローカルスタッフが、今は40代50代になっています。彼らがエグゼクティブとして育ってきている。ローカルがレベルアップしているんですね。

昔は、もしかしたら、駐在員は「日本本社から来た」というだけで、自然と「偉い人」だと思ってくれる人がローカルにいたかもしれないが、今は、現地に行ってみたら、ローカルで経験豊富で優秀な人がたくさんいる。その一方で、駐在員自身の経験が足りていない、というギャップに苦労することも増えてきているとも言えます。

また、本社による海外現地法人へのマネジメント方法も、昔よりも情報技術が発達してきたことで変化しました。以前なら「現地のことは現地にお任せ」と放任していたところも、今では本社から管理がしやすくなってきています。そうすると、駐在員に対する本社からの要求度や関与度も、自然と増してきているということもあります。

実際に、私自身が駐在したころはまだ「チュニジアに駐在したことがある人」自体が少なかった。駐在初代だったので「この地域では、こういうものなんです」と、自分なりのペースでやらせてもらっていたということがあったと思います。今は、多くの地域で駐在経験がある人が増えてきました。前任者が帰任してからそのまま担当になって、日本から現地法人をマネジメントしてくるというケースもある。そういう「前例」が出てくることによるやりにくさ、ということもあるでしょう。

ローカルのスタッフにしても、初めて日本人と一緒に働く、という環境であれば、どう付き合ったらいいのか分からないままお互いに試行錯誤していくということになる。しかし今は、いろんな日本人を見るようになり、だんだんと目が肥えてきて、前任者と比べられることも増えてきたと言えると思います。そうすると、相手からの期待値が上がってくるという難しさもあるんじゃないでしょうか。

▼現在は、会社として駐在員リーダーのトランジション・プロセスに対して、どのような支援策を持ってらっしゃいますか？

一部の駐在員には、ある一定期間にわたってプロのコーチングを受ける、コーチングするスキルを習得するためのサポートをしています。それ以外にも、駐在前に研修をしたり、行った後、その国で研修をしたりと。

ある程度、必要な知識をつけるのは有効だと思いますが、それだけではなく長期間にわたる1対1のコーチングは、定期的に自分の行動を振り返って、そこから学び成長する、ということに生きていると思います。コーチングをきっかけにして、上司や前任者からフィードバックをもらう機会にもつながっているようです。

自分自身もコーチを受けていました。今は、部下を駐在員として送り出す上司という立場として、続けていることが大きく2つあります。ひとつは、送り出す前に「あなたはこういうミッションですよ」「こういうことを期待しているんですよ」と明確に伝えてあげるということ。

もうひとつは、駐在した後も、月に1回は電話会議という形で定期的に対話をしています。その中で、いろいろな話を聞いてあげたり、現地のローカルや周囲の駐在員から聞いた情報で気になる点があれば、確認したりしています。

駐在後には、人事がまとめて何かをするというよりは、それぞれの上司がサポートすることが大事ではないかと思います。

実際に駐在員を見ていると、本人が「自分が苦戦している」こと自体に気づいていないケースも多いんです。本人は「自分はこれでうまくいっている」と思っ

旅路を歩む

ていても、実は現地の部下からは総スカンをくっていることもあります。本人が自覚して、「もっとこうありたいのに、それができない」という苦戦の仕方ならまだいいのかもしれません。「苦戦していること」にすら気づいていない人がなかなか厳しいですね。

あとは、全然うまくいっていないことを自他ともに認めている場合も、2つのケースがあります。それは、「それでもあきらめない人」と、「あきらめてしまう人」です。

たとえば、「ものづくりのプロ」として駐在をした人がいます。最初に張り切って「この工場はこうあるべきだ」とプレゼンして、方針を打ち出しました。それを聞いていたローカルは口にこそ出しませんが、実のところ内心では「何を言ってるんだ」と強い反感を持ってしまう。それで結果的に思うように動いてもらえなかった、という例もあります。

こういうすれ違いは、本当にちょっとしたことで起こるんですね。現地の慣習で些細なことを知らなかったとか、言い方が良くなかったとか。赴任した初期の段階のそういうことで「あの日本人はダメだ」とレッテルを貼られることは少なくないんです。

それでも「あきらめない人」は、そこから地道に頑張って、周囲に分かるような成果を出す、とか。すごく大きなトラブルが発生したときに対応を踏ん張って、ローカルの信頼を得たりする。

最初のころ、レッテルを貼られてしまったり、思うように動いてもらえなかったとしても、それは割り切って、粛々と自分がやるべきことに集中して、何かしらやり遂げるんですね。

一方で「あきらめてしまう人」というのは、「こんなにやってるのに、本社に理解してもらえない」「この国の人材はダメだ」などと言い出します。

たとえ現地の人たちから、強い反対にあったとしても、「これをやるべき」と信念を持って愚直にやる、自分のできる範囲で、まずは行動していくことで、実績が出てくる。それで信頼を得るということがあるように思います。

「言葉ができない」「変なことを言った」「こんなこともできないなんて」と些細

トランジションの旅路を歩む

なことで誰でも簡単にバツがつくことが多いのですが、それでも愚直にやっていくことで信頼を得るのでしょう。

最初のころに、バツがついた段階で、自分の殻の中に閉じこもってしまって、被害者的なスタンスを選んでしまうと、そこからの挽回が難しいように思います。

本来は、日本にいる上司が、そういうことを気づかせるような対話を行うのが大事なのでしょうね。上司がサポートして、本人もなんとか踏ん張って成果を出すまで頑張る、という連携ができれば理想なのだと思います。われわれ人事のところに相談が来たときには、もうかなり深刻な状態になってしまっていて、手を打つには遅いのですよね。

駐在員は、人間関係の問題、言葉の問題、ワークスタイルなど、誰でもいろんな問題にぶち当たるんです。上司か、他の誰かがちゃんと客観的に見て、対話の相手になってくれれば、結果は違ってくるのだと思います。

弊社の場合は、主要地域に人事スタッフを置いていて、悩んでいる人がいたら、彼らが出向いて行きます。それでも、たとえば中国の奥地に一人だけ駐在している、などという場合だとなかなかフォローがしきれない。それから、駐在員が若手の場合は、周囲も意識的にフォローをするでしょうが、ある程度シニアになってくると、そこまでフォローしよう、という意識は向きにくいかもしれない。

そういう意味でも、その人の状況をよく知っている上司からのフォローがやはり大事になってくるのですが、上司も、海外現地の状態というのは目の前に見えていないので、ついつい意識の外側に行ってしまいやすい。ですから、駐在員本人側から、定期的にレポートをしたり、会議を設定したり、という連絡を本社と取り続けることも大事なのだと思います。

▼どのような人が海外で活躍するのだと思いますか？

うちの会社は、最初から「グローバルに活躍したい」「海外で仕事をやりたい」と言って入社してくる人は多いです。でも必ずしも「行きたい」と言う人が、現地への適応が早いか、活躍するか、というと実はそうでもないです。

成果を出せる、という意味では、ロジカルに話ができる、ということは大事だ

旅路を歩む

と思います。日本人特有の忖度しすぎるタイプだとうまくいかないですよね。そういう意味でも、ロジカルに話ができて、組織全体の視点から、「こうやるべきだ」と思ったら忖度などせずに、きちんと伝えられる人が活躍できているように思います。

ただでさえ、言葉の壁があるので、ひとつのことを伝えるのに、前置きが長くて、「もしかしたら〜かもしれない」なんていう回りくどい表現をしてしまうと、相手は理解できないことが多いんですよね。短い文章で、要点を言うほうがお互い分かりやすいんです。たとえば、簡単な例だと「遅刻をしたらだめ」ということを、そのままストレートに伝えられるか、ということです。ハッキリと結論を言わないまま、いろいろと理由を説明したりしている人は、結局相手には伝わらないままです。

そして、海外で成果を出すとなると、やはり仕事の能力そのものが重要です。それは私自身も、海外で数々の失敗をしてきて感じたことでもあります。

たとえば、関係会社の幹部で赴任するのなら、マーケティングして、戦略を考えて、予算・投資・人の配置を決定して、それぞれにどんな目標を与えて、ビジョンを描いて……と。やはりそこの部分のできが悪かったら、成果が出ないというのは当然あるでしょう。

そのうえで、対人スキルもあったほうがいい。指示の仕方、指示したことをどうフォローアップするか、プランを立てる、プランをみんなで話し合いながら作る、実行段階で周りのモチベーションを上げる。国によって好まれる・好まれないやり方はあるけれども。

最初から全部ができる必要もありません。パーフェクトな人はいないので、自分の持っている武器を使って、自分なりのやり方を持っているということが大事でしょう。そのためにも日本できっちりと仕事の成果を出すための技術を磨いて、海外ではそれを活用することです。そういう技術がないままでは、たとえ現地の言葉が流暢であったとしても、成果は出せないのです。

Phase 3

適応期（赴任後6か月ほど〜）

1 あなたが現地に「適応する」とはどういうことか？

現地の文化への理解も進み、周囲との新しい関係を築くことに成功したのちに、「適応期」が訪れます。「適応期」では、仕事の能率もクリエイティビティも、日本にいたとき同様もしくはそれ以上に発揮することが可能となります。

適応期が訪れる時期は、人によって異なります。残念ながらそのまま適応期が訪れない、というケースもあります。その場合、その土地でリーダーとしてのミッションを果たすことは、多くの困難を伴います。ここまでのプロセスで、赴任前の準備、そしてユーフォリア期・カルチャーショック期に、「自分自身のたな卸し」「ビジョン・ミッション」「ストレスマネジメント」など、多くの「自分との対話」、「他者との対話」にしっかりと取り組んだ方は、いち早く適応期を迎えることができているはずです。

では、ここからの適応期においてグローバルリーダーとして、現地に「適応する」理想の形とは、どのようなものなのでしょうか。

私たちがリーダーとして現地に「適応する」ことの目的は、当然ながら、その環境に「ただ慣れる」ということではありません。「適応」した結果として、その先にある、ビジネスでの成果を上げることにあります。

「適応」することができなければ、当然、仕事の能率も、クリエイティビティも高まりません。しかし、ときには「適応する」ことが目的化してしまい、完全に現地スタッフと「同化」してしまうということがあります。その結果として、現地スタッフとのちょっとした衝突をも避けるようになる、現地のメンバーの言う通りにものごとを進めるようになる、ということが起こります。そのような、過剰な「適応」の延長でもまた、本当に目指すゴールにはたどり着けないでしょう。

そこであらためて、駐在員リーダーが目指していること、に立ち返りたいと思います。

旅路を歩む

それぞれの駐在員リーダーが、異文化環境に身を置いてビジネスを展開する目的はさまざまですが、そこにはひとつだけ共通の目的があります。

それは、私たちはお互いに異なるバックグラウンドを持つ者同士が共に働くことで、**「今までにない新しいもの」が創造されることを目指している**、ということです。

駐在員、そして現地スタッフが、お互いの色を出し合い混ざり合うことで、どちらかの色だけでは実現できなかった今までにない新しい色を生み出す。それを実現するための**共創関係を築くことを目指している**のです。

その意味では、グローバルリーダーが目指す「適応」とは、「同化する（Assimilation）」のではなく、「統合する（Integration）」ということなのではないでしょうか。[9]

八島智子氏、久保田真弓氏の著書『異文化コミュニケーション論』（松柏社）では、適応期の状態について、シンプルに次の2つの質問に答えることで、その人の適応状態が4つの状態のいずれであるかが確認できるとしています。それを図表20に示しました。「周

[9] *The Psychology of Culture Shock*, Colleen A. Ward, Stephen Bochner, Adrian Furnham, Routledge, 2001, p.102

図表20 **適応期の4つの状態**

② 分離 Separation Q1 YES　Q2 NO	④ 統合 Integration Q1 YES　Q2 YES
① 周辺化 Marginalization Q1 NO　Q2 NO	③ 同化 Assimilation Q1 NO　Q2 YES

辺化」「分離」「同化」「統合」の4つです。

自分自身の適応状態を理解するヒントにしてください。

ここ最近の自分自身のふるまいを振り返りながら、次の質問にYESかNOで答えてください。

Q1

あなたは今、自分のアイデンティティや特徴を維持することを大切にしていますか？

Q2

あなたは今、赴任先社会の人々との関係性を維持することを大切にしていますか？

トランジションの旅路を歩む

① **周辺化** (Marginalization)

両方の質問にNOという姿勢をとるというのは、自国と赴任先国いずれの文化ともに一体感を持てない状態にあります。所属感を得られない、孤立した状態です。まだカルチャーショック期にとどまっていると言えるでしょう。

② **分離** (Separation)

自国文化のアイデンティティのみを維持することにこだわっている場合、Q1にYES、Q2にNOであると答えます。「日本のほうが優れている」といった発言が見られたり、現地スタッフに日本のやり方を強要したりする、ということにつながります。

③ **同化** (Assimilation)

Q1にNO、Q2にYESの場合、これは逆に赴任国の文化を優先し、日本人らしさを否定しようとする姿勢です。日本人の特徴や日本本社のやり方を批判したりすることで、周囲とのバランスをとろうとしています。

④統合（Integration）

両方の質問にはっきりとYESと答えられた場合が「統合」の姿勢であると言えます。これは、両国の文化の良さを活かしていこう、現地でも自国のアイデンティティを保つバランスを見つけていこう、とするスタンスです。

実際に海外在住の日本人の方のお話をうかがうと、「②分離」と「③同化」のいずれかのスタンスで揺れ動き、悩む人が多いようです。現地スタッフに日本のやり方を強要したり②、逆に現地スタッフへの配慮（遠慮）が強すぎて、日本のやり方を否定・批判する③、かのどちらかになりがちなのです。

「②分離」でも「③同化」でもない、「④統合」というスタンスが可能であることを知り、いち早くそのバランスをつかむことができれば、そこに共創関係が生まれる可能性が高くなります。

旅路を歩む

共創関係とは、「どちらか一方が、他方のやり方に合わせて、変わらなければならない」という考え方ではなく、「共に刺激を与え合い、新たなカルチャーを共に築く」というスタンスを指します。

現地スタッフの多くは、新しい駐在員リーダーに対して、「この人は、いったいどこを見て、仕事をしているのだろうか(現地なのか？ 日本本社なのか？)」と注意深く観察しているものです。「現地だけを見る」「本社だけを見る」。そのどちらも正しくありません。お互いの文化を「統合」した先にある未知の可能性を探索しましょう。相互にその認識が持てたとき、そこに共創関係が築かれグローバル組織としての本当の強みが発揮されることになるでしょう。

さて、ここからが本書冒頭のキークエスチョンです。

キークエスチョン
④
共創的なチーム作りに成功するために、取り組むべきことは何でしょうか。リーダーの役割とは、いったいどのようなものでしょうか。

ここからは、この問いに答えるべく、共創関係に向かうためのキーとして、次の3つの対話のあり方に注目したいと思います。

（1）「1対1」
（2）「フィードバック」
（3）「イグノランス」

ひとつずつ見ていきましょう。

（1）「1対1」

1 「ラベリング」を脇に置き、個と個の関係を築く

駐在員リーダーのコーチをしていると、お話の中の登場人物として「タイ人が」「中国人が」、あるいは「現地スタッフが」という表現をされる方が少なくないことに気がつきます。

これは「ラベリング」という思考方法が働いているということです。「ラベリング」とは、私たちが普段、たくさんの書類を扱う際に、分かりやすいようにラベルを貼って分類するのと同じことです。私たちは誰しもがどこかのタイミングで、人間関係の中で、目の前の相手に対して「性別」「年代」「国籍」などというラベルを相手に貼ることで、効率良く情報処理をしようとすることがあります。それは、ときに相手を素早く理解することに役立ったり、適切な仮説を立てて行動することを可能にしてくれます。トランジションのプロセスでは、新しくインプットされる情報の量が、通常よりも圧倒的に多くなるため、情報処理の負荷が非常に高くなります。そうなると、なおさら私たちは無意識のうちに「ラベリング」を頻繁に頭の中で行って、できるだけ効率的に情報処理をしていこうと試みることになるのです。

そこで、本来であれば「ウェンディさんはこんな人」「キムさんはこういう人」と情報を整理していくべきところであっても、「国籍」のように大きなラベル分類でカテゴライズして「中国人はこんな人」「インドネシア人はこんな人」という形で相手を理解しよう、その場で対処しようとしてしまうのです。

この「ラベリング」が強すぎると、言うまでもなく共創関係を築くことの阻害要因になるでしょう。

一方で、各社のグローバル人事担当の方に、「成功している駐在員に共通していることは、何でしょうか?」とヒアリングをすると、業界を超えて、共通点として挙げられることは、「現地スタッフと1対1で話をしている」ということなのです。

ほとんどの駐在員リーダーが、対話を作り出していくことの重要性を認識されています。口々に「大切なのはコミュニケーション」「話し合うことが重要です」とおっしゃいます。しかし興味深いことに、実際に行われている対話の手法に注目してみると、実に多くのリーダーが「1対多」のコミュニケーション手法を選択されていることに気がつきます。メールによる発信、社員全員を前にした場でのプレゼン、会議、あるいは大人数での飲み会などです。

しかし、私たちが目指す共創関係のあるチームとは、「ラベリング」を脇に置き、さらには「1対1」で向き合うことによる関係性からしか、始まらないのです。それはなぜでしょうか。


そのことを、少し丁寧に考えていきましょう。私たちが目指す共創関係があるチームとは、そこにいる一人ひとりがどのような状態のときに、スタートするものでしょうか。

「お互いの色を出し合いながら、新しい色を創り出そう」というときに欠かせないことは、**全員が「主体者」である**、ということです。

たとえば「ここは日本の会社なのだから、日本人が中心になってものごとを決めてください」と、どちらかが主体者で、どちらかが従属者になった場合、そのようなチームから、今までにはない新しい発想や行動の選択肢は生まれるでしょうか。「新しさ」とは、異なる2つ以上の要素が組み合わさったときに初めて生まれるものです。異文化を持つお互いの異なる発想や視点が混ざり合わなければ、そこに新しさは生まれません。

共創関係を生み出すために目指すべきは、そこにいる参加者の全員が「主体者」となってゴールに向けた活動に参加している状態です。そして「主体者」とは、自分の意思に基づいて行動する人のことです。人が主体者になるための条件は、「自分で選択した」という感覚をいかに持つことができるかということなのです。

そして、日々のマネジメントにおいて、相手が「自分で選択した」感覚を生み出すことのできる確率が最も高い場は「1対多」ではなく、「1対1」の対話の中ではないでしょうか。

私の提供しているコーチングも、原則は「1対1」で行われます。それは、クライアントが主体者になってもらうために、もっともふさわしい環境だからです。

「1対1」の対話の場は、人に「自分を主語にして語る」ことを可能にします。私たちは普段の職場でも、自分を主語に語っているようでいて、実際は他者が主語になっていることが往々にしてあります。「会社としては～」「役員が言うには～」「お客さまの要望は～」など。たとえ言葉としては「私は～」という主語を使っていたとしても、実のところ他の誰かを気にかけたり、周囲にどう見られているかに意識を向けたりと、日々そういっ

旅路を歩む

たことに多大なエネルギーを使っています。「1対1」の場では、そのようなエネルギーをも総動員して、「私は〜」と本人の言葉で語ることを促します。

コーチングをしているとクライアントから「実はこのことを誰かに話すのは初めてです」と打ち明けられる機会に多く出会います。それはときに、その人がずっと心に秘めていた情熱であり、仲間への思いであり、成し遂げたい未来、また、自分への葛藤であったりします。それほど、私たちは自分の内側に、普段の職場では容易に語ることのできない主体者としての言葉を隠し持っているのです。

次に挙げるのは、そうした事例のひとつです。

Coaching case 9

インドネシアに社長として駐在したKさんは、最初に「1対1」で関係を築く相手として、自分の通訳スタッフを選びました。

言葉が通じない環境下で、リーダーとして他のスタッフとも良好な関係を築いていくためには、通訳スタッフとの関係と意思疎通が何よりも重要だ、と考えられたからです。

Kさんは、まず通訳と毎朝15分から30分間、1対1で話す時間をとりました。その会話の内容は、次のようなものでした。

◇私が、この会社についてどう見ているか。
◇私は、会社をこれからどういう状態にしたいと考えているか。
◇あなたは、今、会社はどんな状態だと思うか。
◇あなたが気になっていることはどんなことか。
◇あなたは、この会社でどんな役割を担っていきたいか。
◇誰がこの会社の中でキーマンなのか。
◇私は、スタッフからどう見えているのか。

トランジションの
旅路を歩む

このような真剣な話から、家族はどんな様子か。最近スタッフの間で流行っていることはどんなことか。次の休みは何をしたいのか、といった話もしたそうです。

2週間もたつと、通訳の方の考えや、会社の中で置かれている自分自身の状態について、多くのことが見えてきました。そして、あまりにも自分が会社の現状が見えていないことに気づいたKさんは、ドライバーも含む、全従業員と5人ずつ、可能な限り毎日、ランチミーティングを開催することにしました。

そこで、どんな仕事をしているのか、何に困っているのか、何があればもっと業績を上げられると思うか、などを聞き出していきました。

最初は、マネジャーだけとやろう、と考えていたそうですが、通訳と話すうちに、ドライバーやアシスタントなどからも意見を聞くことは、人間関係を重視するインドネシア人たちにとっては非常に重要なことだと気づいたそうです。

その後、社員から出てきたさまざまなアイデアを実現するための取り組みを開始していったのですが、Kさんが「一番驚いた」と話してくれたことがあります。

ランチミーティングを開催中のある日、一人の社員が社長のいないところで「こんな風にランチミーティングをしているけど、社長は結局自分の思い通りにしたいだけだろう」と言ったそうです。すると、通訳の女性が「いや、違う。社長の真の意図は、会社を良くしていこう、それを私たちが中心になってやってほしいということだ。やり方がまずいようなら変えてもらえるよう、提案しよう。彼は聞いてくれる」と言ったそうです。

しばらく後に、その場にいたシニアマネジャーからそのできごとを耳にしたKさんは、「1対1の関係の重要性を、身にしみて感じた」とおっしゃっていました。通訳の彼女にとっては、社長が始めた「この会社を良くしていこう」という活動が、すでに自分のものとなっていたのです。

1対1で向き合ったとき。「あなたの意見を聞かせてほしい」と真剣に問われたとき。多くの人は主体者としての一歩を踏み出します。

どれだけ大きな組織を束ねるとしても、始まりは1対1からです。

「でも、物理的に全員に1対1で関わることは難しいじゃないか。時間がいくらあっても足りないだろう」と思われるでしょうか。その通りです。あなたが直接的に、1対1で深く関わり続けられる人数は、限られています。5人から7人程度が限界かもしれません。あなた自身が、全員に一人ひとり関わり続けることは、できないでしょう。しかし、1対1の関わりは、その次の関わりに伝播します。そうして、関わりの連鎖を作り出すことが、組織としての共創関係作りの第一歩です。

まずは、あなたのミッションにとって、最も重要な対話の相手＝キーパーソンを見つけることから始めましょう。

2 「1対1」で何を話すのか

このように「1対1で話す」ことの重要性についてお伝えすると、「なるほど」と言いながらも、「1対1で相手と向き合って、いったい何を話すのだろうか。そんなに話が続くものだろうか」と不安に思われる方が多いようです。

そこで、ここでは「1対1」の対話の中身を詳しく見ていきましょう。あなたがリーダーとして、相手と向き合って1対1で行う対話とは、まさに「コーチング」をする、ということに他なりません。

コーチングは、**「相手と強固な信頼関係を築き、相手の自発的な行動と成長を促すコミュニケーション」**です。

「グローバルリーダーこそ、良いコーチであれ」と私は考えます。それは、コーチングの根本に、「相手の主体性を引き出す」という考え方があるからです。これまでにも触れてきた通り、駐在員リーダーの役割は、優秀な一人のプレイヤーになることではなく、現地スタッフや周囲の自発的なアイデアや行動を引き出すことにあります。そして、組織作りにおいて全員を「主体者」にすることによって、チームに共創関係を築くことを目指すのです。これらの点から、「良いコーチである」ということは、まさに異文化環境で仕事をする駐在員リーダーに求められるあり方だと言えます。

そして、いまや「コーチング」は、世界中のマネジメント手法の共通言語となりました。たとえばグーグルは、「良いマネジャー」の条件の1番目に「良いコーチであること」を掲げています。[10]

良いコーチであること。

(Be a good coach.)

チームを勢いづけ、マイクロマネジメントをしない。

(Empower your team and don't micromanage.)

メンバーの成功に関心を持ち、積極的に関与する。

(Express interest in team members' success and personal well-being.)

生産的かつ成果主義である。

(Don't be a sissy: Be productive and results-oriented.)

良いコミュニケーターであること。

(Be a good communicator and listen to your team.)


10『Forbes JAPAN』2017年08月号

部下のキャリア開発を支援する。

(Help your employees with career development.)

チームのための明確なビジョンと戦略を持つ。

(Have a clear vision and strategy for the team.)

チームにアドバイスできる技術的な専門知識を持つ。

(Have key technical skills so you can help advise the team.)

"Be a good coach." このシンプルな表現だけで、世界中のマネジャーに「何をすべきか」が伝わるほどに、コーチングという言葉は広く普及してきました。コーチング業界を牽引してきたICF(国際コーチ連盟)の調査でも、世界のコーチングという専門職の認知度は、66%を超えていると示しています。

中国でも、インドでも、ブラジルでも、多くの部下は上司に「コーチング」を期待します。それは、誰しもが組織の中で主体者として働き、成果を上げて評価されることを望むからです。つまり、グローバルにリーダーという役割を担うときには、コーチングは欠かせない能力のひとつとなったのです。

さて、グローバル環境の中でのコーチングを見てきたところで、ここからさっそく部下と「コーチング」をしていきましょう。

コーチングの会話の構造とはとてもシンプルです。

①コーチが問いかけ、
②相手が答え、
③またコーチが問いかける。

このやりとりの連続の中で、相手が自分自身で考える機会を得て、主体者となっていきます。そしてときに再解釈が促され、それまでにはなかった新しい行動をも生み出していきます。

従来型の上司・部下の関係では、①や③が「アドバイス」や「指示命令」になりがちですが、コーチングでは「問いかけ」が中心にあることが大きなポイントです。

たとえば、簡単な会話の例を挙げると次のようになります。

【コーチングではない従来型の対話】

上司　①あなたの部下をもっと育成してほしいのだけど、ちゃんと指導をしているのか。（指示・確認）

部下　②これからは、もっと新しい分野の仕事を任せていきたいと思っています。

上司　③もっと育成のスピードを上げてもらいたい。こういう任せ方に変えてみてはどうか。（アドバイス）

【コーチング】

上司 ①あなたの部下をこれからどのように育成していこうか？（問いかけ）

部下 ②これからは、もっと新しい分野の仕事を任せていきたいと思っています。

上司 ③それはいいね、どういう任せ方が彼には合っているだろう？（問いかけ）

相手が自分で考えるための「質問」と、その質問に対して相手が回答を探し出すことを支援する「聞く」姿勢があれば、それはコーチングとなっていきます。何も複雑な技術などいらないのです。

さらに具体的な質問の仕方などの詳細については、コーチング技術の専門書に譲ることにします。ここでは、異文化環境のコーチングで起こりがちな「コーチングへの抵抗」という問題に向き合ってみたいと思います。

3　コーチングへの抵抗

上司・部下の関係で、「問いかけ、相手が発想し、また問いかける」、この構造が成立するために、まず最初に必要なことがあります。それは、1対1で向き合ったとき、**お互いにここで何を起こそうとしているのか、という対話のルールのすり合わせ**です。

先述の通り、「コミュニケーション」には、実はたくさんの種類があります。上司・部下が2人で向き合ったとき、そこでどの「コミュニケーション」が行われると予想するかは、その人のこれまでの経験によってかなり異なります。多くの人は1対1で上司と向き合うときには、程度の差はあれ緊張感が高まるのではないでしょうか。中には、瞬間的に「ろくなことがない」などと思う人もいるかもしれません。あなた自身はどうでしょうか。

また、たとえ「コーチングをしよう」と明確に伝えたとしても、両者のイメージが食い違っていることもありえます。「コーチング」という言葉の認知度は上がったとはいえ、その認識は個人によってさまざまです。たとえばコーチングに対する「よくある誤解」には次のようなものがあります。

◇ コーチングは、カウンセリングのような心理学的なものだ。
◇ コーチングは問題を抱えている人が受けるものだ。
◇ コーチはアドバイスし、適切な答えを教えてくれる。
◇ コーチは目標達成に向けて、具体的な手助けをしてくれる。
◇ コーチはその領域の専門家であり、自分よりも豊富な成功体験を持っている。
◇ 完璧な人しかコーチングをしてはいけない。

このような誤解を持っている場合には、たとえば「コーチングをしよう」＝「君には問題があると言われている」、と理解することもあります。コーチングの中で、コーチからアドバイスや具体的な援助がないことに、不満を持つかもしれません。そのため「コーチング」はどのような対話で、何を目的にするものなのか、初めの段階でお互いに合意することが重要です。さらに、海外のビジネス現場の場合、ほとんどの現地スタッフは、初めての1対1面談の際には、とても緊張していたり、警戒したりしています。
たとえば、相手はこんな反応を示します。

◇業務報告に終始しようとする。
◇ニコニコして本音を言わない。
◇質問に対して、要を得ない回答を延々と話す。
◇質問に対して、質問で答えるなど、こちら側が答えを出すように促す。
◇愚痴や文句を述べ続ける。

こういった反応は、しばしば見られるものですが、これらはすべて「コーチングへの抵抗」と言えます。

Coaching case 10

ロンドンに駐在されていたLさんは、ヨーロッパ各地に点在する拠点をエリアで束ねる立場にいました。各拠点のトップは現地スタッフが務めています。

Lさんは、年上のフランス人部下とのやりとりが、一番難しいとお話しされていました。相手の話を聞こうとすると、相手は「いかに、今の組織がうまくいっているか」という説明に終始する。そのため、彼が本当に知りたいこと、「ヨーロッパ全体のビジネスをうまくワークさせるために、本来いま取り組むべきこと」が見えてこないのだ、というのです。

これを聞いていた私には、駐在員リーダーとフランス人部下の、2人の「コミュニケーションの目的」が、すれ違っているように聞こえました。そこでこんな質問をしました。

私「相手にとって、あなたは『何』に見えているのでしょうか？」

Lさん「何って、上司なんだけど。うーん……もしかしたら、本社からのスパイのように見えているのかな」

私「スパイですか。もし、そうだとすると、あなたとの1対1の対話の場は、彼にとっては何なのでしょう」

Lさん「彼にとっては交渉の場、僕の真意を探るための場かな……。そうか、自分は、ヨーロッパ全体のビジネスのため、それから彼の次のキャリアのためにもなれば、とコーチングをしているつもりだったけど、彼は、こちらとずっと交渉しているつもりだったのかもしれないね」

どうやら、このフランス人部下の方には、そのコミュニケーションの目的が十分に伝わっていなかったようです。

このようなすれ違いを避けるために、1対1の対話では、その目的が誤解なく共有されている必要があります。

◇なぜ対話の場を持とうとしているのか。
◇相手が話した情報はどのように扱われるのか（本社にそのまま報告することはない、など）。
◇期待している対話のイメージ（プレゼンや報告ではなく、ブレーンストーミングとしてのコーチングをイメージしている、など）。

スタート前に十分にその意図とルールを明らかにしておく必要があるでしょう。

あるいは、コーチングを受けることに抵抗反応を示す相手は、何かしらの「心理的な不安」を抱えている可能性もあります。これは先述した「コーチングの準備姿勢」が十分でないということです。

◇この会社でうまくやっていけるだろうか。
◇自分は、上司にどう思われているのだろうか。

◇自分の取り組みはちゃんと評価されているのだろうか。

このように、言葉にはされていない、漠然とした不安を抱えている場合、コーチングへの抵抗が起こります。

Coaching case 11

あるコーチングプロジェクトの初回打ち合わせのことでした。このプロジェクトの中心となるのは、中国人の工場長。その日はプロジェクトの目的、どのような取り組みをするのか、ということを私と日本人総経理（社長）とで、ひと通り話を進めていました。工場長も、そこに同席していたのです。その間、30分ほど、彼はずっと黙って聞いているだけでした。私はそんな彼の様子が気になり、ふと話の水を向けました。

私「今回の取り組みについて、あなたはどう思っていますか？」

トランジションの
旅路を歩む

すると、彼はゆっくりと日本語で話し始めました。私とは一度も目を合わせず、机にある資料を見つめながら話していました。

工場長「私たちは、とても忙しいです。必要なときは、週末も仕事をしなければいけない」

「この工場のスタッフは、まだとても若い。基礎的なことさえも伝わらないから、ミスも多くて困っている」

「今はコーチングなどやっている場合じゃないのではないか」

彼は、しきりに日々の忙しさや、スタッフのレベルの低さなどを挙げ、自分がコーチングを受ける意味はない、という趣旨のことを語っていました。私は「そんな風に思っていたのか」と少し驚きながら彼の話に耳を傾けていました。ずっと下を向いたまま、彼の話は20分ほど続きました。その後、総経理が口を開きました。

総経理「確かに、この会社の現状は厳しい」

工場長は、その言葉に、深くうなずいて総経理のほうに顔を上げました。総経理は、工場長と目を合わせて、ゆっくりと続けました。

総経理「今回のコーチングも、そんなに簡単にはいかないだろう。だけど、この取り組みがうまくいかなかったとしても、君がコーチングを受けることは、必ず君のキャリアに役立つと思うよ。そういう自信につなげてもらえれば、それだけでも価値がある。僕はそれでいいと思っているんだよ」

工場長は、少し驚いたような表情で、しばらく黙っていました。同席していた中国人の人事の方が言葉を添えました。

旅路を歩む

「そうですね。こういう機会をいただけるのは、ありがたいことですね」

すると工場長は、もう一度、書類に目を落としながら、「この部分は、どういう意味ですか」と私に質問を始めました。

そのあと、話を続けながら、私の目の前に座っていた工場長のこわばった表情が、少しずつ笑顔に変わっていく様子が印象的でした。結果的にはその後、彼はコーチングの取り組みに中心的に参加し、新しいチームのあり方を見つけていくキーパーソンとなったのでした。

コーチングをスタートするとき、あなたはまず相手に「この場は安全である」と伝える必要があるでしょう。そして、「この時間は、あなたの成長を支援するためにある」ということが伝わったとき、コーチングへの抵抗は、必ず変化していきます。

リーダーがコーチングを実践するとき、その対話の目的は、「業務遂行」や「問題解決」のみではなくなります。大きな目的のひとつとして「相手の成長・能力開発」という柱が加わるのです。

それは、たとえ多少、問題解決や業務処理のスピードが遅くなるとしても、相手の成長に役立つ可能性があれば、すぐに答えを与えずに考えさせる。自分の意見と違ったとしても、本人の考えを尊重してやらせてみる、ということです。これが結果として、相手を主体者にすることにもつながります。

相手に問いかけて、出てきた答えが、あなたの「思い通り」のものではない。そのようなとき、あなたは「このコミュニケーションの目的は何か」と問われているということです。前述の総経理にも、中国人工場長は「この目的は何か」を問いかけたかったのでしょう。

もし、「業務遂行」が第一の目的であれば、即座に修正して指示を出すのがいいでしょう。もし、相手の能力開発をする、相手を主体者にする、ということが目的ならば、違う選択肢を検討しましょう。

あなたの対話の目的が何であるのか、言葉と行動を持って相手に伝わったときに、初めて「コーチング」がスタートします。

4 あなたのコーチングの質を高めるもの

「1対1」の対話をスタートしていただくに当たって、最後にもうひとつ、データをご紹介しましょう。このデータは、コーチング研究所が、「コーチングの効果を最大化するコーチの行動・構造」について調査したものです。

みなさんは、効果が出るコーチングとは、どのような構造（どのくらいの頻度・時間・手法）だと思われますか。週に一度、月に一度、それとも毎日がいいでしょうか？　一回の時間はどのくらいが理想でしょうか。対面で行うか電話で実施するかなど、手法によってコーチングの効果はどのように違うでしょうか。

実は、1回あたりのコーチングの「時間の長さ」と、成果は関係が弱く、その「頻度」が高いほど成果が高いことが分かっています。

コーチングの時間は、1回あたりの時間が長い方が効果が高くなると考えられがちですが、実際は成果と1回あたりの「時間の長さ」には相関は見られません。

そして、コーチングの実施頻度が2週間未満に1回のグループは、他のグループのいずれよりも高い成果を出していることが確認されています。

さらに、コーチングの形式に関するデータでは、対面での実施と電話での実施との間には効果の差異はほとんどなく、対面のほうが、コーチがワークシートなどのツールを利用し、アドバイスをしがちになる、という結果が出ています。つまり、どちらかと言えば、電話のほうがコーチングをしやすい環境であるといえます。コーチングを実施する際、手法としては対面での実施を希望される方が多いことを考えると、意外な結果と言えるのではないでしょうか。

海外ではよくあるケースですが、部下が同じ地域の職場にいない、あるいは駐在員リーダー自身の出張が多く職場を空けることが多い、という場合があります。そうすると「顔を見て話さなければならない」という意識から、1か月に一度、中には3か月に一度の面談になっているというケースが多くあります。「出張時に会えば、一日中食事まで一緒にいるのだから、十分なコミュニケーションが取れるだろう」と判断し、頻度よりも1回の時間の長さを優先してしまうのです。

ところが実は、コーチングの間隔が1か月以上空いてしまっては、いくら訪問時に丸一日一緒にいようとも、対話の効果は下がってしまうのです。**たとえ電話であっても頻度高く接点を持つことのほうが、コーチングの成果につながる**のです。

ここであらためて「1対1」の対話の原則を振り返りましょう。

◇キーパーソンを選び、1対1の時間をとる。
◇「コーチング」の目的とルールに合意する。
◇対話の場は「安全」であることを伝える。
◇相手の成長と成功のためのコーチングであることに、お互い同意する。
◇指示ではなく、「問いかける」。
◇高い頻度をキープする。

これらが、「1対1」の対話を成功させるための、スタート地点です。

5 「ゴール」に向けた対話

「1対1」の対話の環境が整ったら、相手の「ゴール」に向けて、対話を継続していきます。一人ひとりのゴールは最終的には、あなたの組織の目指す状態＝「ビジョン」につながっていくものです。その中には、もちろん業務上の課題や経営数値なども含まれますが、よりコーチングにおいて効果が期待できる「ゴール」とは、緊急度は低いけれども重要度の高い領域です。この領域に対話をフォーカスすることができれば、より本質的な取り組みが期待できるでしょう。たとえば、「チーム体制について」や「人材育成」「能力開発」、あるいは「新規分野への挑戦」などがそれに当たります。

さらに、私たちが目指すのは、その「ゴール」によって、一人ひとりの主体性を引き出すこと、そしてその先にある創造性にあふれたチーム作りです。

そのような「ゴール」を設定するためには、何よりも一人ひとりがその組織で実現した

旅路を歩む

い自分なりの「ビジョン」や、自分だけの「ミッション」を自覚していることが必要でしょう。どんなに「組織的に良いゴール」を設定したとしても、本人自身の目指す方向性との接点がなければ、「ゴール」に向かっての行動が勢い付くことはありません。

ここまでに、ご自分自身の「ミッション」「ビジョン」を明らかにしてきたプロセスと同じように、目の前の相手の、その人だけの「ミッション」「ビジョン」を見つけていくことを支援しましょう。

今の職場で、目の前の相手が「自ら進んで手に入れたいこと」とはどんなことでしょうか。

それは、本人さえもハッキリとは分かっていないことが多いのかもしれません。おそらく、上司に「君のミッションとビジョンを教えてくれ」と突然、質問をされたところで、表現に苦しむことが多いでしょう。

あなたはリーダーとして、どのように相手の「ミッション」「ビジョン」を見つけていくことができるでしょうか。

ひとつのヒントになる視点をご紹介します。先日、「ピタゴラスイッチ」「だんご3兄弟」など、多くの作品でブームを巻き起こしてきたクリエイターの佐藤雅彦氏の講義を聞く機会がありました。

佐藤氏の作品を支える表現手法のひとつに、「物語性」があります。

彼は、このように説明しています。

「ひとつひとつは訳の分からない事柄なのに、並べて提示すると、それを解釈するのに『ある物語』を人間はたちどころに創り上げてしまう。

この『物語をたちどころに生み出す能力』は、自分の目の前に現れた一見不可解なできごと群に対して、納得できる筋道を与える『人間に用意された、生きていくための力』ではないか[12]」

この「物語性」をうまく活用した作品のひとつが、「ビー

12『考えの整頓』佐藤雅彦著（暮しの手帖社）

旅路を歩む

だま・ビーすけの大冒険」です。

これは、積木や缶など、身の回りにあるもので作られた、NHK Eテレの番組「ピタゴラスイッチ」のからくり装置を、ビー玉3つが転がっていくというものです。

3分ほどのものですが、後半になるに従い、「ただのビー玉」たちが、さまざまな障害にぶつかりながら、からくり装置を進んでいく「大冒険」の様子を、思わず手を握り締めて、見守っている自分がいることに驚かされます。

私たち人間は、何でもないような事柄でも、そこに「意味」を見出し、「物語」として解釈せずにはいられない。そのことを、あらためて実感できます。

そして実は、私たちは日常生活でも、この「物語」作りを、休みなく繰り返しています。

日々の職場で起こるできごとについて、一人ひとりが独自の解釈をしているのです。

「この困難は自分にとって、新しい挑戦である」
「将来やりたい仕事をやるための1ステップだ」
「家族との生活を守るために、この仕事で成功したい」

誰しもが、こうして**自分なりの「物語」を紡ぎながら、生きている**のです。これまでも、そしてこれからも、その「物語」は続くのです。たとえて言うなら、浦島太郎として生きてきた人は、その「物語」の流れに合った「続き」をいつも探しながら生きています。浦島太郎として生きてきた人が、いきなりシンデレラになることは難しい、ということです。

相手の「ミッション」「ビジョン」を見つけていくということは、まさにこの「物語」をひも解き、その続きを共に描いていく、ということではないでしょうか。

家族との生活を何よりも大切にしてきた社員に、上司が突然、「もっと業務量を増やして、会社の中で重要ポジションを目指してはどうか」と提案したところで、おそらく相手が動き出すことはないでしょう。たとえ提示された選択肢が、他の誰かにとっては魅力的なものであったとしても、本人の「物語」の流れに合わなければ、その人の力が十分に発揮されることはありません。

そして、この「物語」は本人自身も認識できていないことが少なくありません。過去の経験を振り返ってみたり、思い描いている未来を誰かと共有したりすることで、その人な

トランジションの旅路を歩む

りの「物語」を一緒にひも解いて認識することができます。あらためて本人に「物語」が認識されれば、目の前にある機会や問題が、自分にとってはどんな「意味」があるのか、という解釈が自然と始まります。そして、組織における自分の実現したい未来の姿（ビジョン）や、そのビジョンを実現する目的（ミッション）を見出せるのです。

そして、その「ビジョン」を実現していくためのマイルストーンが、その人にとっての「ゴール」になります。簡単なプロセスではありませんが、このゴールを見出せたときには、その人はパワフルな「主体者」として組織のリーダーになっていくはずです。

目の前の相手の「物語」をひも解くことに役立つ質問を、いくつかご紹介しましょう。

「**あなたの『物語』はどんなものか？**」

◇ あなたがこの会社に入った動機は何か？
◇ 前職を辞めた理由はどんなものだっただろうか？
◇ これまでのあなたの成功体験は何か？　どんなことに自信を持っているか？

◇学生時代に夢中になったことは何か？
◇今の仕事で、大切にしていることはどんなことか？
◇仕事の中で、周囲に認めてもらいたいのはどんな点か？
◇最近、情熱を感じた瞬間はどんな時か？
◇あなたがいちばん強く責任を感じている仕事の領域は何か？
◇あなたが大切にしている関係性はどんなものか？（家族・友人・同僚……）
◇休日に楽しみにしていることは何か？
◇あなたが思う「成功」とは何か？
◇何の制限もないとしたら、この会社でどんな仕事をやってみたいか？
◇5年後・10年後、どのような生活を送っていたいか？

今の職場や仕事内容だけではなく、幅広い文脈で、その人の「来し方、行く末」のイメージを共有していきます。そして、マイルストーンとしてのゴールを探っていきましょう。

「あなたの『物語』の次のマイルストーンは何か？」

◇ これから、身につけたいスキルはどんなものか？
◇ 周囲（同僚やお客さま）からのどんな期待を感じているか？
◇ 経済的に達成したいことは？
◇ キャリアについて達成したいことは？
◇ 仕事の中で、やりたいと思っていて、まだ手をつけていないことは？
◇ あなたが社内で起こしたい変化は何か？
◇ チームの中で、どのような役割を担っていきたいと思うか？

この「物語」をひも解くプロセスは、思ったようには進まないことのほうが多いかもしれません。また、これらの質問の中には、相手が答えにくいものと、答えやすいものがありそうです。それは、そうしたことについて、みな、常日頃から具体的に考えているわけではないからです。ですから、ある程度、時間をかけて対話を進めていく必要があります。

普段よりも対話のスピードを落として、じっくりと相手に考えてもらいながら、答えやすいところから、話し始めてもらいましょう。

時間をかけて問いかけをしても、あなたが期待するような回答が、相手からはほとんど出てこないこともあり得ます。質問の内容とは関係のないような、目の前のやるべきことや、解決したい問題、本人が現在行っているタスクを説明してくる、というやりとりが繰り返し起こるかもしれません。

そのようなことが3回も4回も続いてくると、「○○人スタッフにコーチングをしても、無意味なんじゃないか」「自分には○○人をコーチするのは無理ではないか」という疑念が湧いてくる、という声が聞かれます。ここでも前述した「ラベリング」が復活してくるのです。

相手への問いかけだけでは前進しないときは、まずは小さな行動から一緒にスタートしてみましょう。行動と対話の繰り返しの中で、相手の「物語」が垣間見えてきます。

次に挙げるのは、そのことを示す実際にあったエピソードです。

旅路を歩む

Coaching case 12

あるプロジェクトで、ひとつ忘れられないシーンがあります。

日本人の駐在員リーダーと、中国人マネジャーとのコーチングがスタートして、10か月後のことでした。その間の活動の振り返りをしていたミーティングで、中国人マネジャーの一人が、涙を流していたのです。

彼女は、その会社で働き始めてから、15年もたつベテランでした。普段はとてもハキハキしていて、頼もしい、という印象のマネジャーでした。

話を聞いていくと、彼女の職場は、彼女がマネジャーになってからずっと、平日の勤務時間は、まるで図書館のように静まり返った状態だったそうです。メンバーは終業時間の17時になると、すぐに全員帰宅しました。その後、彼女は一人、夜遅くまで仕事をこなす日々でした。

彼女は涙をふいて、こう話しました。

「そのような状況は、自分が作り出していると分かっていました。それでも、何をどう変えればよいのか、ずっと分からなかった。総経理（駐在員リーダー）とのコーチングで、初めてその思いを誰かと話すことができました。自分は、効率よく業務をこなすだけではなく、もっと活気ある職場を作りたい、と思っていたんです」

彼女は一人悶々と悩んでいた日々を思い出して、涙を流していたのでした。

私たちが忘れてはいけないことは、人はそれぞれの「物語」の中で、「変わりたい」「もっと良くなりたい」という思いを必ず持っている、ということです。

それと同時に「変化を作り出す」ことは、少なからず、恐れを伴うことです。たとえそれが「物語」の続きに合っていたとしても、自分の口から「こういうことがやりたい」「こういう未来を実現したい」と言い出すことは、とても勇気がいることなのです。

誰もが、変化を起こすための、励ましや後押しを、必要としています。

実際に、彼女とのコーチングがスタートしてしばらくは、駐在員リーダーがどんな質問をしても「自分はいかにたくさんの仕事をしているか」を語るばかりだったそう

旅路を歩む

です。

そこで駐在員リーダーは、彼女との対話も続けながら、現状をより良くするために、少しずつ具体的な行動も起こすように促したのでした。取り組んだことは、次のようなことでした。

◇ 本人がやってみてもよいと思える、ほんの小さなゴールから始めてみる（自分から毎日挨拶をする、上司との打ち合わせに部下を必ず同席させる、など）。
◇ 彼女自身のあらゆる仕事を、誰かと一緒に取り組むようにする。
◇ うまくいっていることに注目する。

駐在員リーダーは、彼女の取り組みの報告を受けながら、繰り返し話を聞き続けるうちに、分かってきたことがありました。

無口でとっつきにくいスペシャリスト志向のスタッフだ、と思っていた彼女は、学生の頃からとても真面目な性格で、ずっと優等生でした。組織の中で何かしらの役割を担い、責任を果たしていくことが、彼女にとっては「成功」を意味していました。長年この会社に勤めてきた彼女は、実は「管理職になったらこんなチームにしたい」と、以前から理想の職場のイメージを強く持っていたのです。そして、リーダーとしても責任を果たしたい、社員に頼られる存在になりたい、と願っていました。「組織の一員として責任を果たす」これは彼女にとって大事なミッションであり、「現地スタッフ全員が成長することで、グローバル組織の中で、より大きな責任を担えるチームになる」というビジョンも持っていました。

しかし、管理職になってからの彼女の行動はなかなか実を結ばず、その理想は実現されませんでした。そして次第に、理想に対する現状との大きなギャップに圧倒されて、何もできなくなっていってしまった。周囲を寄せ付けないような雰囲気を持っていた彼女は、本当は良いチームを作ることに、誰よりも情熱を持っていたのでした。

駐在員リーダーも、ここにきてようやく、彼女の「物語」をひも解くことができた

トランジションの旅路を歩む

のでした。小さな行動を積み重ねて、自信をつけてきた彼女は、もう一度、そのビジョンを実現したいと考えるようになってきました。

3か月ほどすると、彼女の部下から意見が出てくるようになってきたそうです。意見というよりは、愚痴に近い発言が多く出てくるようになりました。そこで、次に始めたことは、この2つです。

◇ まずはその提案について、彼女自身ができることを探り、行動に移す。

◇ 部下の不平・不満を、具体的な提案に変えてもらう。例：「何をどう変えると、より良くなると思うか」。

彼女がこのような対話を繰り返していくうちに、部下からは提案やアイデアが出てくるようになり、職場の様子はだんだんと変化していったのでした。

涙をふいた彼女はこう続けました。

「今回は思い切って、自分も総経理と同じように、部下に対してコーチングを実行しました。すると、思ってもみないほど、部下がたくさんのアイデアをくれたんです。休憩スペースにお菓子を置いてみようとか、打ち合わせの仕方を変えようとか。今は、本当に毎日会社に来るのが楽しいんです」

今、彼女はあらためて、自分の「ビジョン」に向けて、「ゴール」を設定しています。ゴールに向けた対話が、やっとスタートしたのです。


このように相手の「物語」に関心を持ち、ひも解いていくということは、そのプロセス自体が、相手との強い信頼関係を築いていくことにつながります。なぜなら、人は誰しも自分の「物語」をより深く理解したい、そして誰かと共有したいと願っているからです。

駐在員リーダーは、異文化環境という多くの「違い」に囲まれた中で、スタッフとの共創関係を限られた時間の中で築いていくことを目指します。その実現のためには、この「物語」という相手の本質につながる対話に挑戦する必要があるのではないでしょうか。

相手が主体者となる「ゴール」を設定する。その「ゴール」に向けた対話をする。そのために相手の「物語」にフォーカスをしましょう。そのプロセスは、結果的にはあなたが無意識に貼った「ラベル」を脇に置くことも助けます。簡単な道のりではありませんが、お互いの「物語」が共有されたとき、チームの共創関係が進化し、会社全体の「物語」も力強く前進していくことになります。

6 「手放す」ことを支援する

一方で、一人ひとりが思い描く「物語」はいつも順調とは限りません。あなたという新しいリーダーの登場によって、ときに、当人が描いていた「物語」が脅かされてしまう、ということもあり得るのです。

Coaching case 13

シンガポールに駐在されたリーダーのMさんは、アジア太平洋地域全体の事業を束ねる責任者として赴任されました。

本社社長から言い渡された最も重要なミッションは、「次の5年間で、今あるビジネスは縮小・効率化し、新たな柱となる事業を創り出すこと」でした。

私たちのコーチングがスタートしたのは、赴任して半年が過ぎたころでした。

コーチングのスタート当初、彼が表現する組織の状態は、このようなものでした。

「何をやるべきかは、すでに組織員に共有されています。そこに対する現地スタッフの主体性や挑戦する意欲が足りていないのではないか」

確かにMさん自身は、日本とは異なる駐在先のビジネス環境と、自らの役割を、いち早く理解されていて、組織が目指す姿としてのビジョンも明確でした。そして重要顧客との信頼関係も築けてきているようでした。しかし、肝心の組織メンバーは、今まで通りの働き方を続けていて、Mさんの思い描くように動きが変化していません。

旅路を歩む

　Mさんは、まずはマネジメントメンバーが、既存ビジネスのタスクにかかりきりになっているようでは新しい分野へのチャレンジには取り組めない。なんとか、彼らに部下へ権限委譲を進めさせて、新しい分野へのチャレンジを増やしてもらいたい。そう望んでいました。

　しかし、いくらそのような方針を伝えていても、なかなか思うように現状は改善されません。「新しい事業を推進していくためには、今のスタッフでは能力不足なのではないか？」という考えが、Mさんの頭をよぎり始めていたようでした。

　では、現地のマネジメントメンバーは、この現状をどう捉えていたでしょうか。現地スタッフの視点を知るために実施したいくつかのアンケートやインタビューを通して見えてきたことは、少し違った現実でした。

　それは、現地のマネジメントメンバーにとって、新しいリーダーがもたらそうとしている変化とは、「自分の立場への危機を意味している」ということでした。「このリーダーは自分たちを組織という輪の外に追いやろうとしているのではないか」。そのような恐れがマネジメントメンバーに行き渡っており、新しい行動をとることを拒んでいたのでした。新しいリーダーが掲げた、それまでのリーダーたちとは大きく異なる「ビジョン」は、現地のスタッフにとっては、それまで紡いできた「物語」の中に突然登場したハプニングだったのです。

あなたが一人ひとりのスタッフに、新しい「ビジョン」に向けた意識や行動の変化を求めるとき、その前に彼らと取り組むべき対話があります。それは、**今あるものを「手放す」ための対話**です。

彼らからすると、今までやってきたことにも多くの意味があり、その先に自分自身の人生をより良くするための「物語」の続きを描いていたのです。こうした場合、まずはこれまで進んできた道のりに対して、あなたが十分に理解を示すことが必要でしょう。

そして、これまで続けてきた行動や大事にしてきた考え方を「手放す」その先に、いったい何が手に入るのかを、彼らと一緒に見出すことです。それができたときに初めて、安心して新しい「物語」をあなたと一緒に描き直すことができるのです。

トランジションの
旅路を歩む

そのとき、インタビューとアンケートを読み込んだMさんは、「自分はここまでずっと、未来のことばかりを彼らに話していた」ということに気がつきました。そこで考え方を変え、現地のマネジメントメンバーと、あらためてこれまでの取り組みについて共に振り返る時間を取ることにしました。そして、今なぜそれを変化させる必要があるのか、その先にどんなことを実現したいと考えているのか、マネジメントメンバーと話し合いを繰り返しました。


「あなたは、これまでの取り組みを通じて、どんな状態を手に入れようとしていたのか」

「その取り組みの成果はどうだったか」

「今のやり方を続けることで、手に入ることは何だろうか。逆に失うものはあるか」

「3年後にどういう働き方をしているか、一緒にイメージしてみよう」

「10年後にも成長し続ける会社になるためには、今、何に取り組むべきだろうか」


そして同時に、現地スタッフの中でも、いち早くやり方を変え、新しい仕事の仕方をスタートした社員に、新しいポジションや仕事の機会を与えることにしました。

だんだんMさんと現地マネジメントメンバーとの間で、「手放す」こと以上に、その先に「手に入れること」のイメージが共有されていきました。すると、今度は現地マネジメントメンバーから、「このままのやり方では、間に合わない。もっと自分の周りのスタッフたちを主体的に動かしていく必要がある」と話すようになっていきました。

マネジメントメンバーたちは、今の仕事のやり方を「手放す」ことは、それぞれが新しい何かを「手に入れる」ことだ、と考えるようになったのです。

6か月後のインタビューで、あるマネジャーはこのように話しました。

「自分はこれまでは、ずっと『今ある仕事を（自分が）どうやってやろうか』と考えていたと思う。しかし今では、『誰に任せようか』『どのようにやってもらおうか』と考えるようになったのです。間違いなく視点が変わったと思います」

最後に、コーチングのプロセスで手に入れた成果について、Mさん自身はこう表現しました。
「一番の成果は、スタッフの有能さに気づいたことです。自分の中にも『彼らにはこの仕事は難しいかもしれない』という思い込みがあったのだと思う。今では、一人ひとりに、こんなにも能力があったのか、と驚かされる日々です」

「1対1」の対話を実行しながらも組織に前進が感じられないとき、それは相手が「手放す」ことを十分にサポートしてきたかを、検討し直すときかもしれません。

⑵「フィードバック」

1 「フィードバック」で軌道修正をはかる

適応期にチームの「共創関係」を築くための2つ目のキーワードは、「フィードバック」です。

ここまで、日々の活動とその中での対話を通して組織の中により多くの主体者を作り、共創関係を築く取り組みに注目してきました。さて、これらの取り組みがどのくらい機能しているのか、スタッフとの対話は果たして成功しているのか、あなたはどのように把握することができるでしょうか。

実際の旅やドライブと違いトランジション・プロセスは、私たちがその道のりをどのくらい進んでいるのか、あるいは停滞しているのか、その進捗を把握しにくいということが、その難しさのひとつです。

そして、ある海外現地組織では、駐在員リーダーが「うまくいっているだろう」と思っていたら、ある日突然何人もの社員が辞めてしまう、ということがあります。また、ある組織では、信頼して現地スタッフにすっかり任せていた仕事が、ふたを開けたら不正だらけだった、などということもあるのです。

そこまで極端ではないとしても、ネガティブな情報がリアルタイムで上がってこずに、突如として問題が報告されるという「開けてびっくり」という事態は、リーダーなら誰しも経験することでしょう。

このような事態を避けるためにも、適応期において「共創関係」を着実に築いていくためには、「フィードバック」を組織に循環させることが必要です。この「フィードバック」によって私たちは組織の現在地を知り、リーダーとしてより良い行動の選択肢を検討し続けることができるのです。

ここまでにも、本書ではフィードバックという言葉を多用してきましたが、ここであらためてフィードバックの定義を確認しておきましょう。

コーチングにおけるフィードバックの目的は、「**自らの目的地に対する現地点を認識し、軌道修正のための情報とする**」ことです。

そのため、「フィードバックする」とは、その一言に、**周囲が**「**観察している事実を伝える**」という行為と、そのフィードバックを受けた**当人が**「**目的地に向かうための情報と**

して活かす」こと、の両方が含まれています。

たとえて言うならば、潜水艦の運航時に利用されるレーダーのようなイメージです。真っ暗な海底を進んでいく潜水艦にとって、レーダーは命綱です。進行方向にレーダーをくまなく当てて探ることで、何メートル先にどんな障害物があるのか、その障害物はこちらに向かって動いているのか、どのくらいのスピードなのか、そういった情報を捉えて教えてくれます。この情報を頼りに、潜水艦の乗組員は適切な判断をして、目指す目的地に向かって確実に進んでいくことができます。もし、このレーダーがなければ、潜水艦はさまざまな障害物に実際にぶつかるまで、一切気がつくことができない、ということになります。

それと同じように、私たちは、自分自身のことや、自分の組織のことは、自分ではよく分からないものです。これは前述の「自己認識」にも通じる話です。

果たして目標に向かって前進しているのか、後退しているのか、それはどのくらいのスピードなのか、何が障害になっているのか、その障害はどのくらいの大きさなのか。これらの情報は自分一人では把握しきれません。しかし、面白いことに私たちは、他人や他の組織のことはよく見えているものです。

実際、あなたに「あなた自身のこと」を語ってもらうよりも、「あなたの部下」や、「上司」のことのほうが、より良く語ってもらうことができます。そして同じように、「あなたの部下」や「上司」は、あなたについて、とてもたくさんのことを語ってくれるでしょう。これらの情報は、あなたにとって貴重なフィードバックになります。

そして、その中であなたについて語られる内容は、客観的事実だけではなく、主観的事実のフィードバックも含まれます。

たとえば、

客観的事実「私の上司は、『絶対に』『必ず』と言う言葉を多用する」

主観的事実「その言葉を聞くと、私はプレッシャーを感じる」

あるいは、

客観的事実「あなたの組織は、全員で集まって話す場を設けていない」

主観的事実「一人ひとりが独立してバラバラに仕事をしているように見える」

というような表現になるでしょう。

これら客観的情報と主観的情報のいずれもが、リーダーにとっては活用できるフィードバック情報です。

世界のどこを探しても、自分自身のこと、自分の組織のことが全方位的に見えている人、というのは存在しません。だからこそフィードバックは、私たちが目的地に到達するためには欠かせないものです。そしてフィードバックを得ることを通じて、私たちはリーダーにとって欠かせない「自己認識」を高めていくことができるのです。そのため、リーダーは意識的に「フィードバック」情報を手に入れるための行動を起こす必要があるのです。

ところで、あなたは「フィードバック」と聞いて、どんな印象を持ちますか？　ネガティブですか？　ポジティブですか？

この質問は、どこの企業で聞いても、「フィードバックという言葉を聞くと、ネガティブな印象を持つ」という方が半数を超えます。「フィードバック」と聞くとソワソワする、緊張する、嫌な予感がする……など。

なぜ、そのようなネガティブな印象が強いのでしょうか。

その背景には、多くの職場では、「フィードバック」という言葉を、「指摘をすること」「評価をすること」というニュアンスで使われていることが影響しているようです。人に評価をされるのも評価をするのも楽しい、という方は多くありません。そのため、「フィードバック」＝ネガティブなもの、というイメージを抱く方が多いようです。

たとえ、そうではなかったとしても、そもそも「現地点を知る」ということは、ダイエット中に体重計に乗るのが怖いように、録音された音声やビデオで自分の姿を見るのが嫌なように、人は「事実を知る」ということそのものに、勇気を必要とするものです。

それは、クライアントに「部下からフィードバックをもらってきてください」と伝えると、多くのケースで抵抗されることからも分かります。

特に目上の人ではない、部下や後輩あるいは同僚にフィードバックを求めることは、「恥ずかしいことだ」と考えている人も少なくないようです。このような抵抗感があるからこそ、リーダーがフィードバックを活用できる能力には、差がつきやすいのだと思います。

そして実は、あなたの本国であれば、あなたが職場で無意識に受け取っていたフィードバックはたくさんありました。

社員の間で交わされるちょっとした会話で使われている言葉、言葉以外の表情やしぐさなどからのノンバーバル（非言語）・メッセージ。そういったものからあなたは「職場の状態」「職場で自分がどのような立場にあるか」などを無意識に感じ取っていたのです。

言語や文化の壁がある場合は特に、このような日常的なフィードバック情報がかなり限られた環境に置かれることになります。ご存じの通り、ノンバーバル・メッセージは、国によってかなり異なります。よくある笑い話では、インド人の部下が自分の話を聞きながら、ずっと首を横に振っているので、何か異論があるのかと思ったら、それは日本で言えばうなずいている「YES」の意味であった。このようなことが数多くあるのです。駐在員リーダーにとっては、新しい異文化の土地で、人的ネットワークを築く最中にあって、通常よりも、さらにフィードバックを得ることが難しくなります。

そのため、新しい異文化環境で仕事をするときには、ことさらに自ら意識的にフィードバックを取りに行く能力が求められるのです。

2 「フィードバック・リテラシー」を高める

リーダーとしては、フィードバックをうまく活用して、自分の現在地、そして職場の状態を常に把握し組織の目指す方向に向けて、しっかりと舵取りをしていきたいものです。

フィードバックを周囲に対して適切に求め、その結果を目的に向けて活用できる力を「フィードバック・リテラシー」と言います。

まずは、次の3つの質問に答えながら、あなた自身の「フィードバック・リテラシー」を振り返ってみましょう。

◇あなたはこれまでの仕事において、どのように周囲からのフィードバックを活用してきましたか。

◇それは自分から求めたものだったでしょうか。他人から与えられたものでしたか。

◇あなたが今後、より頻繁にフィードバックを受け取る必要のある領域があるとしたら、それは、「誰から」「何に関する」フィードバックでしょうか。

これまでのあなた自身のフィードバックの活用度は、どの程度高いと言えそうでしょうか。これまでにフィードバックを意識的に活用したことがないという方は、リテラシーは高くないと言えます。活用をしていたとして、さらに、自分から求めていれば高いほうです。加えて今後、フィードバックを強化すべきポイントまで認識できていれば、非常に良い状態と言えそうです。

フィードバック・リテラシーの高さとは、あなたが組織運営において、どのくらいフィードバックを重視しているか。そして、フィードバックを手に入れるための適切な方法をどのくらい豊富に持ち、頻度高く活用しているかによって決まってくるでしょう。

異文化環境に置かれるあなたが、フィードバックを手に入れる方法について、ここから見ていきましょう。

フィードバックを手に入れる方法は、多くの企業が採用しているように、アンケート形式にして、答えてもらうこともひとつです。しかし、そのようなツールに頼らず、自分から自由自在に取りに行けるようになることで、より頻度高く、的確なフィードバックを得られる可能性が高まります。しかも、その頻度も、1年に一度、特別なとき、ということではなく、日常的に頻繁に拾い上げるのです。

たとえば、あなたのコミュニケーション相手をよく観察してみてください。相手は、とても多くのことをあなたにフィードバックしてくれています。

◇あなたと話している最中、相手はどんな様子ですか？
◇表情はこわばっていますか？　リラックスしているでしょうか？
◇話す割合は何対何ですか？
◇どちらから話しかけることが多いでしょうか？
◇話の内容は、いつも決まった事柄ですか？　どのくらい広い話題が話されていますか？
◇一緒に取り決めた内容が、実行に移される確率はどのくらいですか？
◇それらは、あなたのどのような行動が影響したものでしょうか？

これらの事実から、相手があなたをどのように見ているのか、信頼関係はどのくらい強いか、相手の主体性はどの程度高いものか、はかり知ることが可能です。実は、相手をよ

旅路を歩む

くよく「観察する」だけで、得られるフィードバックはとても多いのです。

またコーチングでは、周囲からフィードバックを得るために、インタビューを実施します。このスキルを活用して、自分の部下に対して、自分についてのインタビューをした、というクライアントがおられました。「フィードバックをほしい」と言うと、お互いに緊張してしまうので、「自分についてインタビューをさせてほしい」と提案したそうです。

その方が準備した質問は、こんな内容でした。

◇ 私のコミュニケーションの特徴は、どんなものですか？
◇ その特徴が、あなたに与えている影響はどんなものですか？
◇ あなたに見えていて、私が見えていないことがあるとすると、それはどんなことですか？
◇ これから、私と一緒に取り組みたいことはどんなことでしょうか？

このインタビューを通じて、「ああ、そんな風に見ていたのか」という発見も多くあったそうです。中でもインパクトがあったのは、部下からのこんな言葉だと言います。

「一緒に仕事をしていて、あなたがあきらめた瞬間が分かります」

「その言葉を聞いた瞬間、自分の顔が赤くなるのがよく分かったよ」と、その方はおっしゃいました。「部下は、自分の心の中まで、お見通しだったんだ」

何よりも、部下は本当に上司のことを良く見てくれています。大事なフィードバッカーです。

The foolish ostrich buries his head in the sand and thinks he is not seen.

（愚かなダチョウは砂に頭をうずめて、見つからないと思っている）

トランジションの旅路を歩む

頭かくして尻かくさず

これはイギリスのことわざです。日本語で言うと、「頭かくして尻かくさず」。

フィードバックを手に入れることをしないまま、日々リーダーシップを発揮しようとするということは、つまりは、そういうことなのです。まずは、あなたの一番近くにいる人をよく観察しましょう。そして、相手にフィードバックを求めてみましょう。これが「フィードバック・リテラシー」を高めていくために一番早い方法なのです。

3　組織にフィードバックを循環させる

そしてさらに、リーダーとしてはフィードバックを日常的に職場に循環させることを目指します。これは、あなたとスタッフが、相互にフィードバックを与え合い、それを組織運営に活かしていく状態を指します。

これを実現するためには、あなたの職場のスタッフもまた、「フィードバック・リテラシー」を高める必要があります。これは、フィードバックを受け取り活用する能力とともに、一人ひとりが適切なフィードバックを伝える力も高めていくということです。適切なフィードバックを伝えるためには、まずは、これまでお伝えしてきたようなフィードバックの意味を理解するプロセスが必要です。よくある「適切でない」フィードバックとは、このようなものです。

〈適切でないフィードバック例〉

◇相手の目標や目指す姿を知らないまま伝える。あるいは押し付ける。

◇思ったこと（主観的事実）だけを伝える。
◇相手が受け取れないほどの情報量を一気に伝える。
◇遠慮をしたり、リスクを回避するために本当のことを伝えない、あるいは婉曲して伝える。

このようなフィードバックは、伝えられた相手がその情報を活かして行動の選択肢を検討するまでに至りません。フィードバックは「相手の目的地に向かうためのもの」であり、「相手が活用できてこそ意味がある」という前提に立てば、伝えるフィードバックは変わってきます。

〈適切なフィードバック例〉

◇フィードバックをする前に、相手の目標を理解しようとする。
◇フィードバックが、いつも必ず活かされることに固執しない。
◇思ったこと（主観的事実）だけではなく、観察できたこと（客観的事実）も合わせて伝える。
◇相手が受け取れるように、一度に伝える量は絞り込む。
◇たとえリスクを感じられても、相手に必要であれば率直に伝える。

あなたがリーダーとして組織でフィードバックを活用しよう、と思うのならば、まずはフィードバックに対する認識のすり合わせから丁寧に取り組んでいってください。

また、多くの国で同様のリサーチを実施した経験から、アンケートの回答傾向は国によって異なることが分かっています。たとえば、WEBによる上司や職場に関するアンケートを実施してみると、日本では、結果が他国と比べて低いスコアになる傾向にあります。一方で中国やアメリカでは高いスコアがつけられます。

これは、そもそものスコアリングの考え方が、日本は「真ん中が平均」と捉え、平均より上か下か、という思考プロセスで回答している傾向にあり、中国では「普通」であれば一番高いスコアをつける傾向があるためだそうです。

旅路を歩む

また、東南アジアでは、駐在員や職場に関するアンケートを実施すると、ほとんど満点に近いような高得点が出ることが多くあります。その理由は残念ながら、有能な上司が多いためではありません。「上司に対して、正直にものを言うことは非常にリスクが高い」と考えるためだそうです。

このように、異文化においては日本では起こらなかったようなフィードバック傾向も登場します。この傾向をそのままにしておいては、せっかくアンケートや直接のフィードバックを求めても、適切なフィードバックを得られることはできません。

この傾向を改善するためには、そのフィードバックが、「何のために求められているのか」「その後、どのように活用されるのか」を、その都度、学習するプロセスが必要です。その情報を活用するリーダー自らが、この2点を丁寧に対話するプロセスがあれば、組織としての「フィードバック・リテラシー」は上がり、より有意義なフィードバックが必要なときに得られるようになっていきます。

Coaching case 14

ある駐在員リーダーNさんとのコーチングがスタートしてすぐに、私たちは現地スタッフのマネジャーたちにアンケートをとりました。Nさんが開く会議では、いつも現地スタッフからはほとんど意見が出ず、みんなうなずきながらよく彼の話を聞いていたので、「きっとマネジメントがうまくいっているのではないか」とNさんは予測していました。

そのアンケートのうちのひとつの質問「Nさんのコミュニケーションの特徴はどんなものですか？」に対して、現地スタッフからこんな回答がありました。

「実は、彼の話すスピードがとても速くて、ほとんど聞き取れていない」
「言っていることが難しくて分からない」

そのアンケート結果を読みながらNさんは一言、「伝わっていなかったのか……」

旅路を歩む

とショックを隠せない様子でした。

確かにNさんの話し方は、日本人である私が日本語で聞いていても、とても早口で、たまに聞き取れないことがあるほどのスピードでした。それでも、この会社の現地スタッフのほとんどは、日本語が比較的話せるほうでしたので、Nさんは普段と同じスピードで、さまざまな方針説明や指示をしていたとのことでした。

その日からNさんは心に決めて、現地スタッフに対して、スピードを落として話すことに、さっそく取り組み始めました。

「これまでのスピードが時速100キロだとすると、イメージでは30キロくらいまで落としました。それから、理解できなかったときには、こっそりでも、私に分かるように手を挙げて教えてほしい、とリクエストしました。一人でも手が挙がったら、もう一度伝わるまでゆっくりと繰り返し話すようにしています」

「どうやら聞いてみると、最初に私が着任したころは、マネジャーたちには、私が言っていることの10％くらいしか伝わっていなかったらしいんです。これは衝撃でした。そんなこと、誰も教えてくれなかった。あのままフィードバックがなく、何年も駐在期間を過ごしていたら……、と思うと恐ろしいことですね」

このようなプロセスを経て、この職場では即時フィードバックが循環するようになりました。リーダーがフィードバックを受け取り、そこから何を変化させるのかを、対話と行動を通して明らかにしていくプロセスがあったため、社員たちは「自分のフィードバックは活かされる」ことを実感したのです。

このような具体的なフィードバック体験に基づいて、一人ひとりの、そして組織の「フィードバック・リテラシー」は、さらに高まっていきます。

それでも、言語・文化の壁によって、フィードバックへの抵抗を取り除けない場合は、フィードバックのルートを複数確保できるかを検討しましょう。キーとなる現地スタッフに対しては、本社や他拠点のスタッフによるメンタリングやコーチングを依頼することができれば、それは心強いものです。プロのコーチを活用することも、その選択肢でしょう。あなたの人的ネットワークとしてのリソースが、ここで生きてくることになります。

③「イグノランス」

1 可能性を探求するエンジン

トランジション・プロセスの適応期において、「共創関係」を築く最後のキーワードとして、取り上げたいのが「イグノランス」です。

コロンビア大学では2006年から神経生物学者のスチュアート・ファイアスタイン教授によって、学生向けにイグノランスという講義が開かれています。「イグノランス」とは日本語で言うと「無知」となります。

「無知について学ぶ」とは、少しおかしな感じがするでしょうか。

しかし、実は科学者にとっては、これはもっとも重要なことなのです。なぜなら、科学者が取り組むべきこととは、「すでに分かっていること」ではなく、私たちが「これから知ろうとしていること＝分からないこと」に他ならないからです。

科学者が新たな研究・発見をしていくためには、私たちが「未だ知らないことは何か」を知り、そこに取り組みたいというワクワク感が欠かせないのです。スチュアート教授は、「無知こそ科学の原動力」であり、科学とは「暗闇の中で、黒猫を探すようなものだ」と、その難しさを表現しています。[13]

そしてこれは、駐在員リーダーにも置き換えて言えることです。多くの駐在員リーダーがこれから現地で作りたいビジネスというものは、「すでに存在しているもの」ではなく、私たちが「**これから存在してほしいもの＝まだ目に見えていないもの**」だからです（すでにある工場や会社を、ただつつ

13『イグノランス――無知こそ科学の原動力』スチュアート・ファイアスタイン著（東京化学同人）

旅路を歩む

がなくマネジメントすることが役割の場合は当てはまらないでしょうが）。

つねにイノベーションを起こし続ける会社として知られる、世界最大のデザインファームであるIDEO社は、グローバルマーケットでイノベーションを起こすためには、「予想外のことを予想する」ことだ、と表現しています。

創業者であるトム・ケリーは、著書『発想する会社！──世界最高のデザイン・ファームIDEOに学ぶイノベーションの技法』で次のような例を紹介しています。

ある日、IDEO社の職場に一人のスイス人が、とげだらけの「オナモミ」を体中にくっつけて山歩きから帰ってきたそうです。

もしあなたが、自社の職場で部下のそんな姿を見つけたら、どう反応しますか？

私だったら、「いったいどこへ行っていたんだ、そんな格好早く着替えなさい」と言いたくなります。

ところがIDEO社には、その様子を見て「これは面白い」と考えた人物がいたのです。

「これ、何かに使えないだろうか」と。そしてそこから生まれた便利な道具が、私たちが良く知る「マジックテープ」だったそうです。

このように、自分にとって予想外な「よく分からない」ことに出会ったとき、それを頭から否定するのではなく、むしろ歓迎する態度が、「着脱可能なテープの構造（マジックテープ）」という「イグノランス（無知）」を発見させたのです。GEやP&Gなどのグローバル企業が、どのように中国やインドといった新しい市場を開発したかが記されている書籍『リバース・イノベーション』では、海外事業を成功させるマインドセットについて、このように表現しています。

「今日の科学や技術を用いて、途上国で満たされていないニーズに対応したいと思うなら、謙虚さと好奇心を持って始めなくてはならない。たとえるならば、たったいま火星に降り立ったと考えてみるのが最も有効だろう」[14]

自分が「すでに分かっている」ことを再現しようとするのではなく、まるで火星に降り立ったかのような「分からない」という前提を持って、その土地のすべてを眺めていくことで初めて、新しい市場を見出

14『リバース・イノベーション』ビジャイ・ゴビンダラジャン、クリス・トリンブル著（ダイヤモンド社）

トランジションの旅路を歩む

すことができるというのです。

海外現地で仕事や生活をしていると、自分にとってはおかしなことや困りごとがたくさん登場します。それは、部下との対話の中でも同様でしょう。「いったいなぜ、そんなことを言うのだろう？」ということが毎日のように出会うのです。

その意味で、駐在員リーダーが置かれる環境はイグノランスの宝庫でもあります。そのような事態に遭遇したとき、あなたにはイグノランスを見出す力が問われるのです。果たして「自分の慣れ親しんだ世界に修正すべきだ」と考えるか。あるいはそこで、「これは面白い！」と言えるかどうか。これがイグノランスを発見する力の違いなのです。

たとえば、インドで電気を使わない冷蔵庫が開発され、大ヒットを生み出したことはよく知られています。

これは、電気というインフラさえも整っていない環境にあっても、リーダーが「これが何かの好機になるのではないか」という探求心を捨てなかったことによって「電気を使わない冷蔵庫が作れるのではないか」という発想が生まれたのです。

中国華南地方の深圳の街に行くと、2つのことに驚かされます。ひとつは、現金がすでにほとんど使われていないこと。もうひとつは、ガソリン自動車が走っていないことです。バスやタクシーもすべて電気自動車に切り替わっています。今、この地域で、新しい社会のあり方を作るスピードは、日本のそれを圧倒しています。日本のように、今すでに整ったものが存在することが、逆に新しいものを導入する阻害要因になることもあるのです。

私たちが、海外で仕事するときには、「日本と比べて無いもの」や「日本の基準に照らして間違っているもの」に視点を奪われがちです。しかし、グローバル環境で新しいビジネスを見出すリーダーは、そこにしかないもの、そこにあるはずの可能性としてのイグノランスにひたすら目を向け続けていくようです。

香港の地下鉄には、最近、おにぎり屋さんが登場し始めました。

実は、もともとは「香港人は、おにぎりのような冷たい食べ物は好まない」という通説があったのです。香港の狭い土地に、日本の築地のような市場が数多く存在することから、香港人にとって、食べ物はとにかく「新鮮さが重要」。これが当時の常識でした。

その点で、「香港のマーケットで、おにぎりは無理だろう」と誰もが思っていたのです。こうした環境に好機を見出したのが、ある日本の会社でした。

2015年前後、私が駐在している数年の間に、次々と店舗が増えていきました。今では、一等地である地下鉄構内にも、店舗を構えるようになったのです。

香港人の健康志向に合わせたメニューの開発と、日本品質を提供することで、現地の人々からの安定した人気を獲得したのでした。多くの日本企業が苦戦する香港市場で、香港人の食生活に、新しい選択肢を増やすことに成功した数少ない企業です。

日本とは異なる環境、一見すると困難だらけの環境にあっても、そこにある可能性への探求をやめないことで、このようにイグノランスを見出し、創造的なビジネスを実現した例は多く存在するのです。

私たちが適応期にスタッフとの「共創関係」を築いていく旅路の中で、「**1対1**」はそれを前進させるもの、「**フィードバック**」はその進捗を明らかにし、軌道修正を助けるもの、そして「**イグノランス**」はさらにその旅の未知なる可能性を探求するエンジンになると言えるでしょう。

2 「イグノランス」を見出すセンサーを磨く

では今現在のあなたは、イグノランスに対して、どのような姿勢を持っているでしょうか。

あなたの姿勢を知るための、簡単な実験をやってみましょう。

明日、朝起きたら、あなたが「実を言うと、よく分かっていない」ことを、誰かに話してみてください。できれば「いまさら聞くのは恥ずかしい」というような事柄を選んでく

旅路を歩む

ださい。政治や社会問題のこと、ビジネスのこと、システムや技術、最近の流行りについて、どんなことでも構いません。

そして、そのときの自分と相手の反応をよく観察してみてください。

◇ 言葉に出す前に、どんな感情が生まれましたか？
◇ 体の反応はどうでしたか？ 呼吸の変化や体温の上昇などは感じられましたか？
◇ 相手はどのような反応でしたか？

そのとき、どのくらいの抵抗感や違和感を自分や相手が抱いたでしょうか。恥ずかしくて話すこともできなかった、という方もいたかもしれません。これによってあなたの日頃のイグノランスへの態度が垣間見られます。"実は分かっていないこと"などない」と思われた場合は、あなたのイグノランスへの姿勢はかなり弱まっていると言えます。

当然、多くのビジネスリーダーは、「分からない」という言葉を口にすることに対して、「抵抗がある」と答えます。

それは私たちの「博士」「先生」という言葉に対する敬意の念が示すように、私たちはいまだに「知っている」「分かっている」ということに対して、大きな価値を置いているからです。そして「知っている」ことによって、これまでに多くの成功体験を積んできているのです。

しかし今や、多くの知識や情報はテクノロジーによって、世界中に、即時に共有されるようになりました。「たくさんのことを知っている」ことは、急速に、その価値が薄れていっているのです。これからは、イグノランスへの探求力がますます試される時代です。

そしてイグノランスには、次の2種類が存在します。

ひとつは、「自分が分かっていないことを、分かっている無知のこと」

もうひとつは、「自分が分かっていないことも、分かっていない無知のこと」

これはつまり、自分自身が分かっていないことさえ、気づいていない、盲目的になっていることです。コーチングでは、これを「ブラインドスポット」とも呼びます。

自分が把握している「分かっていないこと」に対するオープンな姿勢だけではなく、自分が「分かっていないことさえ、分かっていないこと」を、探求することができる。この両方が備わって初めてイグノランスを見出す力が高いと言えます。

では、私たちは、自分がそもそも「分かっていないこと」を、どのように探求することができるのでしょうか。

実は、私たち人間には、「分かっていない」ことを見出すためのセンサーが本来的に備わっています。それは「好奇心」という名のセンサーです。

「好奇心」とは、人が珍しいことや未知のことなどに、興味を持つ心を指します。リンゴが木から落ちた様子を見たニュートンが、引力の発見にたどりつくには、そこに好奇心が不可欠でした。「ポストイット」は、失敗作の接着剤を手にして、「何かに使えるかな」と思ってみるところから生まれました。この好奇心という、ものごとを面白がる心の動きが、イグノランスを見出すセンサーとなっているのです。

そして、これは他者との対話にも言えることです。前出の、エグゼクティブコーチでもあるハーレーン・アンダーソン博士は、プロのコーチにもっとも必要なものは「好奇心である」と言います。相手の一見理解不能な発言も、「どういう意味だろう」と興味関心を向け続ける。その好奇心を持ち続けることができれば、相手との対話と関係性は続くのです。逆に、「意味が分からない」「理解ができない」と心を閉ざしてしまえば、対話や関係性はいとも簡単に途切れてしまいます。

アメリカに駐在された経験を持つクライアントが教えてくれたエピソードをご紹介します。

Coaching case 15

ある時、Oさんの部下のアメリカ人スタッフが、「社内で商品Aの勉強会をやりたい」と言い出したことがありました。その商品は当時、会社にとっては、あまり重点

旅路を歩む

項目ではなかったため、Oさんにとっては首をかしげるような主張でした。「このスタッフは会社の方針を十分に理解していないのだろうか」。漠然と、そのような感想を覚えたのでした。

しばらくそのままにしておいたところ、数日経って、その部下がまた部屋を訪れて言ったそうです。「やはり勉強会をやりませんか」と。

その方は、部下の真っすぐな目を見ていて、その背景にあるものに好奇心が湧いてきました。そこで、こんな質問をしてみることにしました。

「とても熱心に言ってくれてうれしいのだけど、君のその情熱は、いったいどこから来ているものなの？」

するとその部下は答えました。

「私は半年前に入社してきたのですが、ここまでアシスタント業務しかやってきていません。この商品は、初めて私の上司に『お前に任せた』と言ってもらえた仕事なのです。会社にとって重点商品ではないことは理解していますが、私は自分の仕事として、この商品を、責任を持って展開したいのです」

その言葉を聞いてOさんは、とても腑に落ちたと言っていました。このスタッフは、ただ単に会社の方針への理解が不足していたのではなく、自分が貢献できる領域を精一杯探しているのだ、ということが理解できた、と。そこで、Oさんは「君には、少し違う形で会社への貢献をしてもらいたい」と、彼の上司とも相談して再度、仕事をアサインすることにしたそうです。それは組織の方向性に向けて、彼の行動力をより活かした新しい仕事でした。

そこにOさんの好奇心があったからこそ、一人の社員の情熱と強みが見出され、組織としての可能性につながったのでしょう。

元来、人間はこのような好奇心をもとに、試行錯誤を繰り返しながら新しいことを学習したり、他者との関係性を広げることによって生き延びてきた生き物です。そのような能力は、脈々と現代の私たちにも受け継がれていて、この時代を生き延びるために、さらに必要な能力になっているのです。そしてものごとや他者に対する好奇心が高ければ高いほど、イグノランスを見出す機会は増えていきます。

3 「好奇心」を高めるために身に着けたいひとつの習慣

それでは、自分自身の好奇心の高さを、みなさんはどのように評価されるでしょうか。好奇心の高さは、人によってかなり違います。さらに、その人個人の中でも、対象となる分野や時期によって異なるものです。

ひとつのヒントとしては、「好奇心は逆U字型」ということです。

人の好奇心を決定付ける要素として、「情報の空白」をいかに作るかがカギになる、と言われています。『子どもは40000回質問する ～あなたの人生を創る「好奇心」の驚くべき力～』という本で「逆U字型」の考え方が紹介されています。[15] つまり、ある人の好奇心は、その高まりを縦軸に、「知識」の高さを横軸にしてグラフ化すると、逆U字型の変化があるというのです。

ある事柄について、人は知らなすぎても何の関心も持てず、逆に「すべて知っている」と過信していても、同様に好奇心は下がってしまう。また、「自信」と好奇心の関係についても同じことが言えるそうです。「自己不信」も「自信過剰」も好奇心を駆り立てない、ということです。

たとえば、この本で紹介されているある実験によると、アメリカの州都を3つ知っている人は、「自分は州都を知っており、他の州都を知りたいと思わない」が、47の州都を知っていれば、「自分は残り3つの州都について知らない」と認識し、「残りの3つを知りたい」と答えたそうです。

適度な「情報の空白」があるとき、好奇心は反応する。言

15『子どもは40000回質問する ～あなたの人生を創る「好奇心」の驚くべき力～』イアン・レズリー著(光文社)

い換えると、**好奇心が高い人は、つねに大量のインプットを続けている**ということなのです。

多くの経営者が読書家であることは、知られている話ですが、彼らのインプットの方法はそれだけに限りません。コーチをしていて気づくのは、創造的な経営者ほど「知りたい」というインプットに対する強い渇望感をいつも持っているということです。彼らは世界中どこであっても、ある領域の専門家にコンタクトをしてたずねることも、いといません。自分とは異質のものや未知なものに対しては、非常に敏感に反応し「それはどういうこと？」と質問を浴びせかけます。

自社の社員についても、仕事の様子から、特徴・強み、プライベートな情報まで、とても多くの情報を持っていることに驚かされます。現地スタッフとも、常に創造的な対話を作り出そうとすれば、彼らについての最新の情報をいつもインプットし続ける必要があるのでしょう。

自分に合った適切なインプット方法を知り、その量を確保し続ける工夫が、私たちの好

奇心を高め、また、イグノランスを見出す機会につながるのです。

そしてトランジションにおいて適応期に向かうプロセスの中で、私たちはたくさんの新しいことに出会い「分かろう」とします。「分かる」ことが増えていくことによって、心が安定し、思考の効率も上がっていきます。

その一方で、すっかり「分かった」となってしまうと、そこからイグノランスを見出すことが難しくなってしまう、というジレンマがあるのです。多くのことを理解し、受け入れながらもなお「情報の空白」を作り出し、好奇心をいかに保ち続けることができるか、というチャレンジが適応期にはあるのです。

「私たちは無知によって道に迷うことはない。自分が知っていると信じることによって迷うのだ」とは、ジャン・ジャック＝ルソーの言葉です。[16]

まずは、あなたなりの身近な「分からないこと」「もっと知りたいこと」を見つけて、周囲と「対話」を作り出してい

16 *I don't know: In Praise of Admitting Ignorance (Except When You Shouldn't)*, Leah Hager Cohen, Riverhead Books, 2013

くことから始めてみてはいかがでしょうか。

さて、ここまであなたの「適応期」の可能性を広げるための「キークエスチョン」に向き合ってきました。それを再度掲げます。

キー
クエスチョン
4

共創的なチーム作りに成功するために、取り組むべきことは何でしょうか。リーダーの役割とは、いったいどのようなものでしょうか。

私が注目したいリーダーの役割とは、「1対1」「フィードバック」「イグノランス」この3つの対話のあり方を自ら選択する、ということです。このあり方の選択によって、あなたの「適応期」の可能性は大きく飛躍するのではないでしょうか。

Column

誰がグローバルリーダーなのか?

みなさんにとって「グローバルリーダーとしての成功」とは、どんなものでしょうか。

「グローバルリーダーとしての成功」を、どのくらい鮮明にイメージできていますか?

「イメージする」ということは、みなさんの成功において、非常に大きな力となります。なぜなら、人は「イメージできること」は、ほとんど実現できるからです。逆に、イメージできていないことが実現することは、ほとんどないと言ってもよいでしょう。

SFの父とも言われる作家ジュール・ヴェルヌは、こう言っています。

Anything one man can imagine, other men can make real.

（人間が想像できることは、人間が必ず実現できる）

彼の代表作には『月世界旅行』『海底二万マイル』など、当時は「空想作品」などと呼ばれていましたが、後に現実世界で実現されたものも多く、特にアメリカの「アポロ計画」には大きな影響を与えたと言われています。

これと同様に、私たちは自分自身の未来についても、つねにイメージを持ち、そのように実現していっていると考えられます。心理学では、これを「自己成就的予言」とも言います。意識的にも、無意識的にも、私たちは自分自身や自分の未来について、何らかのイメージをつねに持っています。良いイメージもあれば、悪いイメージもあるでしょう。分かりやすく言ってしまえば、「人は、自分が予測した通りの自分になる」ということです。実は、あなたが持っている自分の未来に関する予測が、高い確率で実現してきた結果、今のあなたがいるのです。

「そんなことはない。自分はこんなに多くの期待を抱いて、仕事をしてきたのに、まったくその通りになっていないじゃないか」とお思いになる方もいるでしょうか。

では、たとえば「社長になりたい」というイメージを持っていたとして、あなたのイメージはどのくらい鮮明に描かれていたでしょうか？　社長就任の挨拶をする自分の姿がありありと目に浮かんだでしょうか。その姿を、誰かに伝えたことはありましたか？　1ミリの疑いもなく、信じていたと言えますか？　もし、そこに疑いがあったとしたら、その疑いは、どのくらい大きいものでしたか？

私たちは「こうでありたい」とぼんやりとした理想を思い描きながらも、どこか心の中では「やはり無理ではないか」「実際はこの程度だろう」と自動的にイメージを修正していることが少なくありません。

逆に言えば、「こうありたい」という鮮明なイメージを手に入れることができたら、それは私たちに力強い方向性を与えてくれるものとなるのです。

イチロー選手をはじめ、世界的な舞台で活躍されている一流のスポーツ選手が、

旅路を歩む

小学校の文集などで「大きくなったらプロ野球選手になりたい」という夢や、そのときに起こるであろう事柄を具体的に書き、そのイメージ通りに実現した、というエピソードは枚挙にいとまがありません。ここで、みなさんの成功を後押ししてくれる「成功のイメージ」を今一度、具体的にしてみてはいかがでしょうか。

私たちが、その明確なイメージを作るためのシンプルな方法のひとつは「モデルを見つける」ということです。ひとつ、次の質問について考えてみてください。

みなさんにとって、「成功したグローバルリーダー」とは、いったい誰のことを指すでしょうか？

必ずしも、身近な社内に見つける必要はありません。社外、取引先、友人、あるいは歴史上の人物の中に見出すこともできるでしょう。

もし一人の人物を思い付かないようであれば、すべてが完璧ではなくてもかまいません。「この人の、この要素」という部分的なことでも結構です。その人の名前と、その人が「成功した」とあなたが考える理由を、書き出してみてください。その集積があなたの成功のイメージにつながります。

「グローバルリーダー」と聞いて、多くの日本人が想起する方の一人は、ソニーの盛田昭夫さんではないでしょうか。

いまや誰もが知る日本発のグローバルブランドとなったソニーですが、戦後しばらくの間は、「日本製＝粗悪品」というレッテルを貼られ、苦戦を強いられました。しかし昭和37年、ニューヨークの5番街に初めてショールームができ、そこに掲げられた日の丸の旗を見て涙した日本人は、ソニーの社員だけではなかったと言われています。多くの書籍やメディアで繰り返し伝えられてきたこのエピソードは、私の中にも、心のどこかにずっと誇らしく光っています。

幸運にも、この本を作る過程で、創業者である井深大さん、盛田さんとともにソニーのグローバル化を、人事の立場から支えられた桐原保法さんのお話をうかがうことができました。桐原さんの貴重なお話は、みなさんの成功イメージのサポートとなるのではないでしょうか。
桐原さんは、1970年にソニーへ入社され、少なくとも1000人を超える駐在員を、そのキャリアの中で支援されてこられました。

～桐原保法さんインタビュー～

桐原保法（きりはらやすのり）**氏**
1970年に東京大学法学部卒業。同年ソニーに入社。グループ会社の代表などを歴任したのち、本社執行役常務人事担当を務めるなど、同社の成長期とグローバル展開を支えた。

私が海外人事に関わることになった当時は、「グローバル」という言葉がまだなかった時代でした。その頃は外務省や商社が先行して海外に出ていた時代で、われわれソニーのようなメーカーのエンジニアや工場をイメージした人事モデルという存在がなかったのです。部署の名前は、「オーバーシーズ・パーソネル」というものでした。

「人事」という言葉がソニーの中で生まれたのは70年代。それまでは、「人事」ではなく、組合対策が中心の「労務」「勤労」だったのです。できた当初の「人事」とは、社員の中でも選ばれたエリートだけを対象にした言葉で、それ以外は総務とかレイバー・リレーション、インダストリアル・リレーションという位置付けでした。そこからパーソネルになった。

80年代半ばになって、突然、アメリカで「ヒューマンリソース」という言葉が出てきたという印象でした。こちらはまだ英語もよく分からなかったから、ただ言葉が変わっただけかと思っていました。実際には、モノの考え方が急速に変わっていったのが80年代だったのだと思います。そして、言葉とともに、海外人事のあり方も、大きく変わっていきました。

海外のマーケットを切り拓いたのは間違いなく盛田さんでしたが、実は盛田さんの英語は、そんなにうまいわけじゃなかったんです。それでも、彼は世界中に足を運んだ。現地からの報告を日本でただ待っているのではなくて、

トランジションの旅路を歩む

自分から繰り返し繰り返し、海外現地へ出かけて行ったのでした。そういう盛田さんの姿を、社員はみんな見ていました。当時の欧米の現地スタッフも、「経営トップ自らが足を運んでくれた」と感激していました。そして、彼は信念を持って自分の「ビジョン」を現地スタッフたちに直接語りかけました。その信念と行動に、どの地域のスタッフも心打たれていた様子でした。

その点では、プレイステーションを手がけた久夛良木健さんも同じだったと思います。エレクトロニクスの世界からは「ただのゲーム機か」とみんなが馬鹿にしていたようなときに、彼は「ゲームが世界を変えていく」という信念を持ち続けていました。

その結果として、久夛良木さんは「ものづくり」の価値観をものすごく変えたのでした。当時は、電気製品を作るときは、「何万台」という単位が普通だと考えられていましたが、彼の場合は「何百万台だ」と言うのです。そ誰がグローバルリーダーなのか？

れを前提にした「ものづくり」をしたので、それまでとはまるで違ってきました。彼はつねにグローバルのマーケットで考えていたのです。振り返ってみれば、彼がソニーの「ものづくり」の価値観を変えるきっかけを作ったのだろうなと思います。人事の立場であった自分としては、そのような、初めから世界を相手にビジネスを構想していくトップの方向性を受け止めて、そういう「とんがり」を潰さない。それが私の仕事だと思っていました。

グローバルでやっていくには、本人に「やりたいことがある」のが大前提だと思います。本人の目的がないことには、ビジネス・カンバセーションは始まりません。だから自分は人事として、「海外に行きたくない人」は、原則行かせないようにしていました。

本人に「やりたいこと」や目的を持ってもらうためにも、その人が入社してからずっと一人ひとりに、「海外に行きたいかどうか」を面談でいつも聞

旅路を歩む

いていたんです。面談の機会のたびに、「こういう（海外で働く）チャンスがあったらどうする？」と問いかけてみたりしていました。ある日いきなり「海外に行け」ではなくて、前もってずっと日頃から、そういうやりとりをしておくことが人事としては重要だと思っていました。

自分がソニーに入社して、最初にされた質問をすごくよく覚えているんです。

それは「お前はどうしたいの？」という質問でした。当時、この質問をされて、自分が何も答えられなかったことが、とてもショックだったので、よく覚えています。それまでの人生でたくさん勉強をしてきて、いろんなことが分かるようになってきたつもりだったのに、その質問を受けたときに、自分の中に「自分の意見がない」ということを痛切に感じたのでした。

今思うと当時の私は、誰かに「問題」を与えられたら、その「問題」を解いて正解を導くことはできました。しかし、自分自身で自ら解くべき「問題」を見出すことはできない、そういう状態であったと思います。

どうしてこういう話をするかというと、もしかしたら、多くの方が日本本社で働いているときは、上司かお客さまか、他の誰かが「問題」を作ってくれて、それを解くのが自分の仕事という感覚を持っているのではないかと思うからです。

グローバルで仕事をしていく、海外でリーダーとして仕事をしていく、ということは、「出された問題を解きなさい」ではなく、「自分で問題を作りなさい」ということです。これは大きな違いです。本社から離れた土地で、誰かから「問題」を振ってもらうのを待っているようでは、短い赴任期間中に何も起こすことはできません。あっという間に時間だけが過ぎていくでしょう。

旅路を歩む

そのためにも、駐在員にとって一番大切なことは、その土地で「やりたいことがあるかどうか」、だと思うのです。「やりたいことがある」人こそが、自然とその土地で自ら問題を見出していくことができるからです。グローバルリーダーを目指すのであれば、赴任前も赴任した後も、自分自身の「やりたいこと」を追求する。そして自分自身で問題作りをして、自分で答えを探していく、そういう能力を鍛える必要があるんだと思います。

「グローバル」という言葉がよく聞かれるようになる前から、海外事業に取り組んでこられた桐原さんのお話は、とても興味深いものでした。「自分自身で問題作りをする」とは、まさに本書で見てきたイグノランスを見出すということです。

ここに、盛田昭夫さんの言葉があります。

当時、アメリカですでに有名なメーカーであったブローバ社がソニー商品を見て、「2年間で10万台購入する契約をしたい」と大きな契約を申し出てきたときのやりとりだそうですです。そのとき、ブローバ社は、こんな条件をつけたそうです。「ただし、ジャパン・ブランドでは売れないだろうから、SONYの名でなく、ブローバの名で売ることを条件にしたい」

盛田さんはこのように回答されたと言われています。

「50年前には、あなたの会社のブランドも、今のソニーと同様、誰一人知らなかったに違いない。われわれは将来のために、今50年後に向けた第一歩を踏み出すのだ。50年後にはソニーもあなたの会社同様、必ず有名にしてみせる」

多くの人が持つ「これが当たり前」「これが普通」という概念を変え、未来への信念を持って、変化を牽引していったリーダーのあり方が伝わってきます。

このような、あなたにとってモデルとなり得るグローバルリーダーを見つけておくことは、理想の未来を形づくる大きな助けになるでしょう。あらためて、あなたにとっての、「グローバルリーダーとしての成功」とはどんなものでしょうか。ぜひ言葉にしてみてください。

Phase 4

逆カルチャーショック期（帰任後すぐ〜12か月ほど）

1 予想外の落とし穴

トランジション・プロセスの最後として、みなさんが帰任された後のプロセスについても、一緒に考えていきたいと思います。「帰任はまだまだ考えられない」という方にも、ぜひ知っておいていただきたいプロセスです。というのも、赴任先から元の組織に戻るタイミングが、実はもっとも**本人にとって「揺らぎ」の大きい時期**であるという事実は、まだあまり知られていないからです。

エコノミスト紙は、2015年11月の記事で、以下のようなリサーチに注目しています。

スペインのIESEビジネススクールSebastian Reiche氏の計算によれば、10〜60％の

図表21 **逆カルチャーショックをふまえた「Wカーブ」**

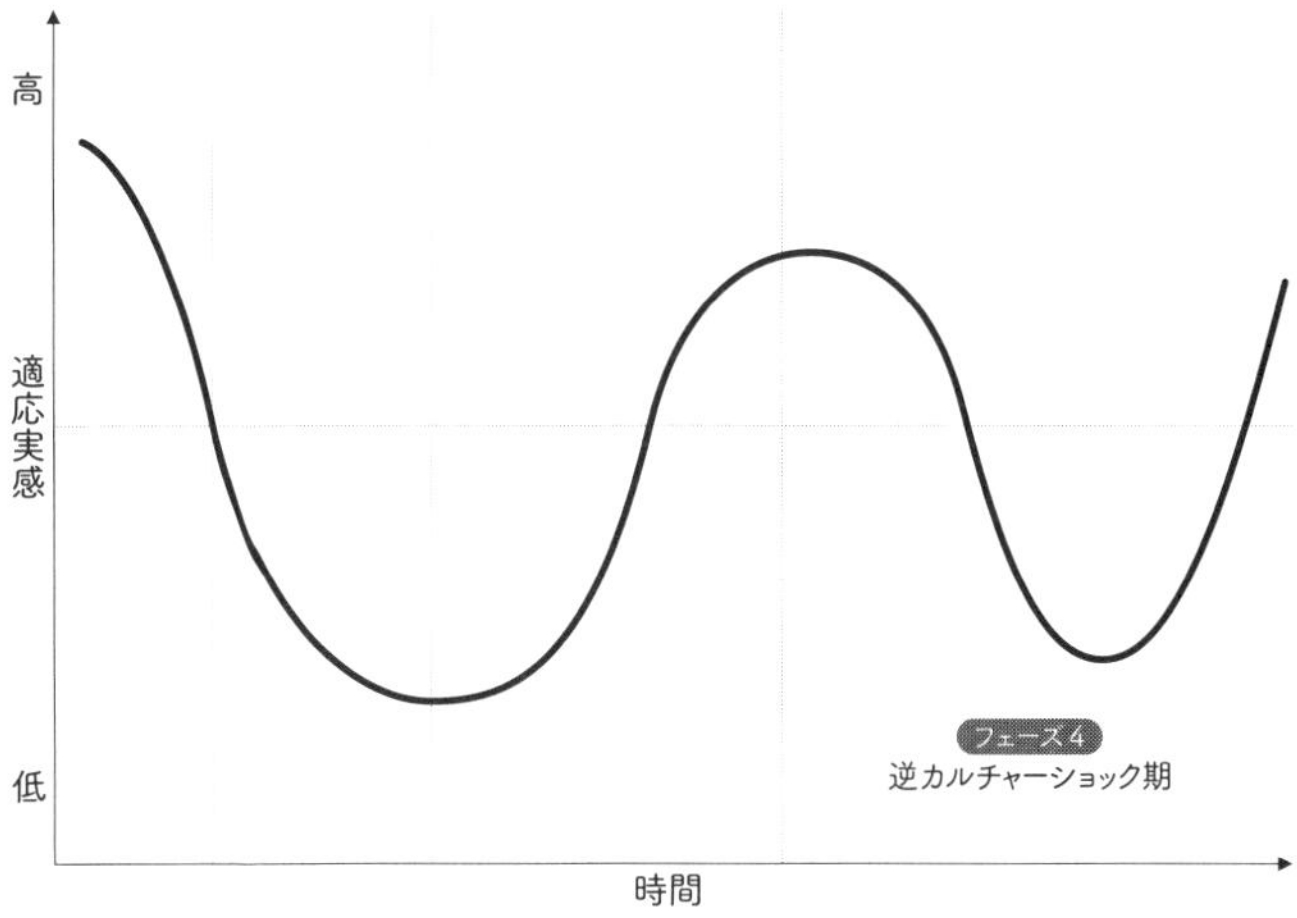
高
適応実感
低
時間
フェーズ4
逆カルチャーショック期

「帰任者」が、帰国後2～3年以内にその会社を辞めている。その離職率は、明らかに海外赴任をしていない社員よりも高い。

ドイツのフリードリヒ・アレクサンダー大学のJan Sebastian Knocke氏のレビュー論文によれば、「文化の異なる国に〝融合すること〟よりも、〝帰任〟のほうが難しい、という兆候がある」。

本書冒頭で示した「トランジション・カーブ」も、近年までは、「Uカーブ」と言われていましたが、この帰任時の「揺らぎ」の報告が数多くなされたことから、「Wカーブ」として見直されるようになりました（図表21参照）。この元いた場所に戻り、再適応していく時期を「逆カルチャーショック期」と言います。

こういった事実に反して、「元に戻る」という一見、難易度の高くないトランジション・プロセスに、まだまだ本人も、そして周囲も十分な準備と対応をしていないようです。

ここで、本書冒頭のキークエスチョンです。

キークエスチョン 5

なぜ、このように感じられてしまうのでしょうか。逆カルチャーショックを乗り越えるために必要なものとは、何でしょうか。

多くの読者にとっては、今すぐには不要かもしれませんが、いつか迎えるこのプロセスに備えて、ぜひ押さえておいていただきたい視点です。

さて、まず1つ目の問いに答えていきましょう。私たちはなぜ、住み慣れた国への帰任後に、赴任時以上のカルチャーショックを感じるのでしょうか。

海外でチャレンジングな経験をし、さまざまな学びを得て帰任すると、3つの理由から、強いカルチャーショックを体験する傾向があります。

1　知らぬ間に変化した自分自身のアイデンティティ。
2　元いた組織の人的ネットワークやルールなどの変化。
3　帰任後に対してポジティブな期待を抱きやすい。

本人が自分の変化に気づいておらず（1）、戻った先にも当然変化が起きているため（2）、赴任前の状態とは大きな認識のギャップが生まれることになります。

ところが本人は、「元に戻る」という考えから、以前の自分の記憶を頼りに、「このように上手くいくはずだ」と、楽観的な物語を予想していることが多いのです（3）。

実際は、この間に、自分も周囲も変わってしまっています。「きっとこうであろう」というさまざまな予想は、見事に裏切られていくことになります。

その結果、周囲との関係が赴任前より希薄に感じられたり、以前取り組んでいた仕事が色あせて見えたりする、といった印象が、多くの帰任者から聞かれます。中には、「同じ会社に戻ったはずなのに、まったく違う会社に来てしまったようだ」と語る人もいます。これが「逆カルチャーショック」です。皮肉なことに、赴任先にうまく順応していた度合いが高ければ高いほど、このショックは大きく、長引く傾向にあります。

そして、ここでも「物語」が登場します。私たちは、目の前で観察する事実と事実をつなげながら、なんとか自分の「物語」の続きとして解釈しようと試みるのです。

しかし、実際には自分の予想や期待が次々に外れていきます。その過程で、多くの帰任者は、だんだんと所属している組織や仕事内容に対して、「こんなはずではない」と批判的な意味付けをし始める傾向があります。予期せぬカルチャーショックに対する自然な防衛反応として、現状を批判せずにはいられない、ということだと思われます。

そのカルチャーショックの内実は、次のようなものです。

「ここでは、自分は必要とされていないのではないか」
「自分は競争から取り残されてしまったのではないか」
「自分の経験をもっと活かせる場所が他にあるのではないか」

このような考えが帰任者の脳裏に浮かぶようになります。この予期せぬカルチャーショックは、帰任者にとっての、大きな落とし穴であると言えます。駐在員は「帰任」するわけですが、実際には私たちは、元の時間や場所に「帰る」ということはないのです。

前出の桐原さんは、こんな風に表現されていました。
「キャリアというのは、『川の流れ』のようなものなのだと思います。川は、常に流れているので、たとえ同じ川の同じ場所に飛び込んだとしても、タイミングが違えば、そこはすでに違う川です。〝まったく同じところに戻る〟ということは決してありません。一見同じように見えたとしても、そこはすでに全く違う場所なのです。駐在員たちは、たとえ帰任時に駐在前と同じような条件がそろっていたとしても、まったく新しい職場に来たのだ、という考えで臨むべきなのです」

では、この逆カルチャーショックをうまく乗り越えていくためには、いったい何が必要なのでしょうか。ここでもまた「対話」があなたをサポートしてくれます。

2 葛藤を乗り越える対話

Coaching case 16

私自身も、帰任してしばらく、この逆カルチャーショックに苦しんだ一人でした。周囲との対話を試みていましたが、なかなか新しい環境に自分の居場所を見出せずにいました。そんなとき、ありがたいことに、会社の取り組みとして、コーチをつけてもらうことになりました。

彼女はアメリカ在住のブラジル人コーチです。私たちはお互いに第二外国語である英語でしたので、「私の英語でこのニュアンスは伝わっているだろうか」と、多少不安なやりとりからセッションがスタートしました。

それは3回目のセッションでした。私は正直に彼女に打ち明けました。

私「帰任してから、なかなか自分の仕事がしっくりきていない状態が続いている。周囲もよくサポートしてくれているのに、なんだかうまくいかない。自分に何が起こっているのか分からない」

コーチ「そうだったんだ。打ち明けてくれて、ありがとう。ぜひ詳しく教えてほしいんだけど、今のあなたには、どんな感情があるの？ できるだけたくさん表現してみてもらえる？」

そう言って、コーチは次のような「感情のリスト」をメールで送ってくれました。

図表22 **感情のリスト**

・ウキウキした	・外向的な
・感謝している	・恩を感じる
・感動している	・自信
・力がみなぎる	・オープンな
・誇らしい	・安心だ
・没頭している	・興奮している
・びっくりした	・わくわくする
・エネルギッシュな	
・うれしい	・楽しい
・晴れ晴れした	・おだやかな
・のんびりした	・不安な
・恐れている	・不信感のある
・心配で	・イライラ
・不愉快	・もどかしい
・憤慨する	・うんざりした
・疎外感	・心配な
・神経にさわる	・恥ずかしい
・肩身が狭い	・寂しい
・落ち込んだ	・がっかりした
・惨めな	・緊張している
・無力感	・疑い深い
・うらやましい	・ねたましい

（出典）『NVC　人と人との関係にいのちを吹き込む法』（日本経済新聞出版社）

旅路を歩む

私はリストを眺めながら、自分が感じていることを探ってみました。

私「そうだな……不安な感じ、それから疎外感……焦っている」

ここで「焦っている」と言葉を口に出してみて、ふと心が落ち着くのを感じました。ああそうか、自分はとても「焦っていた」のだ、と妙に納得したのでした。

それから、彼女はこう続けました。

コーチ「それであなたは、何を手に入れたいと思っているの?」

次に渡してくれたリストは「求めていること」のリストでした。

図表23 **求めていることのリスト**

- 受け入れられること
- 認めてもらうこと
- 協力
- 仲間
- 親密さ
- 尊敬
- 安心
- 理解してもらう
- 信頼
- 秩序
- 挑戦
- 発見
- 成長
- 自己表現

自分が手に入れたいと思っていて、手に入っていないことは何だろうか。私たちはまたこの表を眺めながら、60分ほど話し続けたのでした。

ここでコーチの彼女が用いたのは、NVC（Nonviolent communication）と言われる、対人関係のコンフリクト（葛藤状態）を乗り越えるための対話手法です。アメリカの臨床

旅路を歩む

心理学者マーシャル・ローゼンバーグ氏が体系付けたもので、コーチングでも活用される場合があります。

逆カルチャーショックのプロセスでは、個人の内面でさまざまな葛藤が起こっています。しかしその葛藤の正体が何であるかは、とても捉えにくいものです。

このNVCの手法では、モヤモヤした葛藤状態を「感情」と「何を求めているのか」という2つの要素に絞り、それぞれを明らかにしていきます。

「感情」はあなたが本当のところ「何を求めているのか」を知るためのサインです。あなたの「感情」が動くとき、そこにはあなたが「求めていること」を失う危険や、あるいは多く手に入れたという知らせでもあるのです。

これもひとつの「ディソシエーション」の視点を手に入れるための方法です。本人が

「本質的に求めていること」の自覚を促すことで、視野を広げ、より良い行動の選択を助けます。この時期に生じがちな他者や環境への批判は、あなたの内側で起きている認識の不一致を修正しようとする行動です。それは多くの場合は、「本当に求めていること」を手に入れるための行動とは異なります。自分が本当に「求めていること」が、分からなくなってしまう。これが逆カルチャーショックのプロセスを進める上で、一番の障害となっています。ご自分の「求めていること」に向き合ったとき、本当に必要な行動の選択肢が見えてくるのです。

カルチャーショック期の「戻る」というプロセスで起こる、「こんなはずじゃなかった」という多くの認識の不一致から、あなたの内面は平衡感覚を失った状態になることを覚えておいてください。この時期に、あなたの「感情」と「何を求めているのか」は、行く先を示すコンパスになってくれます。「感情」はあなたが求めていることが満たされていないサインであり、同時にあなたが本当は「何を求めているのか」を教えてくれます。

旅路を歩む

NVCは、本来は、対人関係で起こるコンフリクトや対立状態に適用されるモデルですが、逆カルチャーショックのプロセスでの「自分との対話」にも十分生きるアプローチです。

これは、私のコーチが選んでくれたひとつのアプローチでしたが、逆カルチャーショック期はまた、カルチャーショック期と同様に自分を客観視するディソシエーション「自分との対話」を十分に積み重ねていくことで、その葛藤状態から一歩ずつ抜け出すことが可能になるのです。

3 再び物語を描き直す

そして、葛藤を抜け出し始めると、今の自分が、今までの自分とは「違うのだ」ということをあらためて認識するようになります。そして、多くの場合は、周囲とも「違う」ことにも気づくでしょう。

海外駐在中は、外国人としてマイノリティであったあなたですが、戻ってきてもなお、

「駐在帰り」というマイノリティになるためです。ここでまた、自分がマイノリティであることを受け入れられずにいると、周囲の考えとの「違い」を認識できずに対話がすれ違い続けることになります。

たとえば、会議の中で「日本のマーケット」が前提となって話されているとき、あなたは強い違和感を覚えるかもしれません。

上司・部下の関係性、男性と女性の扱われ方の違いなど、赴任前は当たり前のように受け入れていた日本流のふるまいに対して、なんだかおかしな感じがするのです。

こういった周囲との「違い」について、あなたはどのように周囲と「対話」をしていく選択肢があるでしょうか。そして、周囲との「違い」を活かして、あなたが職場にできる貢献とはどんなものでしょうか。

一人ひとりの「違い」を、どのようにチームの創造性に活かしていくのか、これは近年、よく話題にされるダイバーシティ（多様性）・マネジメントの議論の一部です。周囲との「違い」を持ったマイノリティがどのように活躍することができるか、そしてその周囲も

旅路を歩む

どのように関わり、チームワークを築くことができるのか、多くの企業で検討されているテーマでしょう。

この本を書いている最中、職場におけるLGBT対応のアプローチを支援している専門家にお話をうかがう機会があり、私はそこにヒントがあるように思いました。

近年、職場におけるLGBT対応のアプローチのひとつとして、「ALLY」という「支援する人」を意味するステッカーを配る活動が広がってきています。ALLYとは、職場で自分自身がLGBT当事者であるかどうかにかかわらず、「LGBTの方に対してオープンな姿勢である」、「支援する用意がある」という意思表示をするためのステッカーです。職場で目につきやすいパソコンやスマートフォンに貼って使用します。アメリカではすでに広く普及している方法です。

実際に、シールを貼ったからといって、すぐにLGBTの方からの相談があるわけではありません。しかし当人は職場でそのシールを目にするだけで、カミングアウトしなくても、「味方がいる」と安心感を覚え、仕事がしやすくなるのだそうです。「協力の意思」を見える化することで、実際に協力関係があってもなくても、ポジティブな効果が発揮されるのです。

ＬＧＢＴに限らず、人は誰しもさまざまなマイノリティ性を持っています。海外からの帰任者も、そのうちのひとつです。そして、どのようなマイノリティ性にも、必ずＡＬＬＹ（協力者）は存在するであろうと私は考えました。私は帰任者の方には、ぜひＡＬＬＹを意識的に探していただきたいと思っています。

そのステッカーは、今は見えていなくても、「自分にとってのＡＬＬＹはどこにいるだろう」とよく見回してみると出会える確率が上がるはずです。過去に同じような体験をしてきた人、あるいはそのようなシチュエーションに理解がある人を意識的に探してみましょう。

あなたにとってのＡＬＬＹを見つけることができれば、その人と直接対話をしたり、モデルとして参考にしたり、よりスムーズにあなたの行動の選択肢を検討することができるのではないでしょうか。

逆カルチャーショックのプロセスで、葛藤を乗り越え、あなたにとっての新たな「物語」を描き直すことは、「自分との対話」と「他者との対話」を通してしか成しえません。そして、そのプロセス次第では、見えてくる「物語」はたったひとつではないことを覚えていてください。

◇伝えられていない周囲からの期待
◇経験を活かせるチャンス
◇全く新しいミッションの可能性
◇まだ手つかずの成長課題
◇ここから始まる新しいキャリアステージ

そこには、あなたがどれだけ広い視野を持って、どれだけ多くの人と対話を創り出していけるか、というチャレンジがあります。いくつもの対話を通じて、新たな「物語」を見出せた時、初めて私たちの異文化環境での経験や視野が、組織にとってもあなたにとっても、次のステージへつながっていくのです。

そして、それこそが日本企業が必要としているグローバルな新しい視点との「統合」でもあります。日本にはまだまだ、真にグローバルに開かれたビジネス環境やマインドセットを持たない企業も多くあります。役員は日本人だけ、経営会議は日本語で実施される、多くの計画が日本中心で動く、というように。

あなたが日本に戻ってから、逆カルチャーショックを乗り越えて、本社の文化との「統合」を実現することは、その企業のグローバル展開への扉をさらに開く大きな一歩と言えます。

あなた自身にとっても、このプロセスを乗り越えてこそ、初めてグローバルリーダーとしての一歩を踏み出した、と言えるのではないでしょうか。

ここまで、本書のメインパートでもあるトランジション・プロセスを順に見てきました。

ユーフォリア期、カルチャーショック期、適応期、そして逆カルチャーショック期。どの期間においても、「自分との対話」そして「他者との対話」は欠かせないものです。これらの連続的な対話が、自らの状態を客観的に捉え、そして新しい解釈を得ていくことにつながります。

◇「ミッション・ビジョン」を伝えていく「現地スタッフとの対話」
◇ユーフォリア期以降の自分へ申し送りをする「自分との対話」
◇サポート環境を築くための「組織を超えた他者との対話」
◇ストレスマネジメントに取り組むための「自分との対話」「家族との対話」
◇共創的なチームを作るための「現地スタッフとの対話」「駐在員同僚との対話」
◇イグノランスを高めるための「自分との対話」「顧客との対話」
◇逆カルチャーショックを乗り越えるための「自分との対話」「ＡＬＬＹとの対話」

「対話」の種類は、おそらくこれにとどまりません。

あなたはあるいは、トランジション・プロセスのいずれかのフェーズで行き詰まり感を覚えるかもしれません。もしかしたら、前進したと思っていたらある日突然後退していたことに気づくかもしれません。

そんなときも、「対話」はいつも私たちに可能性をもたらしてくれます。前に歩もうとするとき、あなたは誰と対話を作り出すことができるでしょうか。目の前の人に限らず、社外や国外、もしかしたらプライベートなつながりに、対話のパートナーは存在しているかもしれません。

Chapter 5

トランジション期の成功とは何か

本章で語ること

トランジション期にしか存在し得ない葛藤や混乱こそが成功のサイン。

トランジションとは周囲とのつながり直しのプロセスである。

1 「信頼関係マップ」を作ってみる

前章では、トランジションの4つのフェーズ、「ユーフォリア期」「カルチャーショック期」「適応期」「逆カルチャーショック期」のそれぞれをどのように乗り越えるのかを見てきました。そのときどきに望ましい対話があり、それを実践することで組織内でのコミュニケーションが豊かになり、グローバルリーダーとして成果を上げる可能性が高まることを感じられたでしょうか。

海外駐在を経験した方のトランジション・カーブの描き方は実にさまざまです。大きな上下のカーブを何度も繰り返した方、比較的穏やかなカーブを描いた方など、人の数だけパターンがあります。少なくとも言えることは、その道のりは、ひとつだけではない、ということです。

私はコーチという仕事をしているので、多くの方のトランジション期に立ち会います。本書を締めくくるに当たって、私がみなさんと考えてみたいのは、果たして「トランジション期の成功とは何だろうか」ということです。

私たちは、何をもって「良いトランジションであった」と言えるのでしょうか。

経営の立場からすると、海外駐在者の評価は、当然ながら「ビジネスの成果を上げたかどうか」であるはずです。

しかしながら、私はコーチという立場から、成果を出すことはもちろんですが、それに加えて**このトランジションが、どの程度その人の成長につながったのだろうか**、と考えます。

スムーズにトランジションが行われたか、ということ以上に、そのプロセスに、どのような葛藤や迷い、混乱があったか、それを存分に表現し、自分のものにできていたか、ということに注目したいのです。

その意味では、「何もかも、思い通りにいきました」「特に何事もなく、慣れました」ということは、そこにトランジションは存在しなかった、とも言えるかもしれません。

いまだにトランジション・カーブの最中にいる人にとっては、喜ばしいニュースではないかもしれませんが、私は、トランジション期にしか存在しえない葛藤や混乱こそが、トランジション期の成功のサインと言えるのではないかと思います。

ここで、3つのトランジション・ストーリーをご紹介しましょう。どの方もその人なりの葛藤と模索を繰り返して、トランジション・プロセスを進めていかれました。

Coaching case 17

「私は、部下の本音を聞くことを、ずっと避けていたんです」

「今思えば、ひとつ前の赴任時の失敗は部下の本音を避けていたことから来るものでした。そのときは、タイで新しい業務システムを導入することにしたのですが、大失敗でした。事前にスタッフとは合意がとれているつもりだったんです。後から分かったのですが、実際のところは、みんなハナから『きっとうまくいかないだろう』と思っていたそうです。

結果、そのシステムはうまく実務とつながらずに、これまでのように業務処理ができなくなってしまったのです。それで、ひどい残業が続くようになって。何週間かして、マネジャーの部下たちが、みんな逃げて（辞めて）しまった。しばらくはその部署がまったく機能しなくなった。これは本当に大変な経験でした。

もしあのとき、今回のようにスタッフの『本音』を聞くことができていたら、あんなことは起こらなかったと思う。何度『浅い』対話を繰り返しても、意味がなかったのです。今回のように『深い』対話ができていたら、結果が違ったであろうと今になって思います」

この半年ほど前、Ｐさんはコーチングでこうおっしゃっていました。

「コーチングを始めて、部下とよく話せるようになってきましたが、彼らがそこで『こういう取り組みをやります』と言っておいて、しばらくたっても行動を起こしていない。そういうケースが気になるようになってきました。フォローをしても、彼らは『やれない理由』はとても上手に述べるのですが、なんだか表面的な会話が繰り返されているような気がするんです」

Pさんが、今回の赴任期間に目指していたのは、ローカル幹部がリーダーシップを発揮し、自チームのチームワークを高めていくこと。そしてこれまで以上のスピード感を持って、目先の業務処理だけではなく、よりクリエイティブな未来につながる仕事にチームとして取り組むことを望んでいました。

Pさんはこう言います。「本社も待ってはくれない。彼らに実行のスピードを上げてもらわないと困る。(実行するように)もっと強く言わないといけないのかな……」といらだちをつのらせていました。Pさんのトランジション・プロセスは、ユーフォリア期を抜け、カルチャーショック期に入り始めたところという様子でした。

そこで、私はPさんと一緒に、ローカル幹部が行動を起こすことができない背景をもう少し検討してみることにしました。

私「彼女（ローカル幹部）はどんな優先順位を持っているのでしょうか？」

Pさん「それは、上司である私や周りに言われたことを早く処理することかなぁ。確かにそれもやってもらわないと困るんだよね」

私「もし、その処理仕事よりも、(彼女が言ってきた)新しいチームワークへの取り組みを優先させると、会社にはどんなリスクがあるのですか？」

Pさん「そう言われると、深刻なリスクがあるわけでもないんだけど……。そうだなぁ、彼女にとってのリスクは、もしかしたら自分が作り出しているかもしれないな。社長（Pさん）に指摘されたくない、というリスク」

このやりとりを通じて、Pさんが出したひとつの結論は、そもそも自分がローカル幹部から「本当に行動できない理由を聞けていない」ということでした。

後日、その背景について、Pさんがもう少し深く聞いてみることにしました。すると、実は彼女は、自分の部下との関係がうまくいっておらず、挨拶さえも無視されてしまう状態だったことが分かったそうです。新しい取り組みを社長（Pさん）に提案したものの、そんな状態の部下にどう協力をあおいだらいいのか、途方に暮れていたということでした。ところが、その事実を社長である上司に言ってしまったら、自分はどう評価されてしまうのかと、不安になって言い出せなかったそうです。この事実を聞くことができて、Pさんは初めて彼女と対応策を検討し始めることができたのでした。


「本当に思っていることを言ってしまったら、上司に何と言われるだろうか」。上司に迷いや困りごとを打ち明けるとき、これは誰にでもよぎる思いです。

過去に本音を伝えた時、「そんなことよりも、やるべきことがあるだろう」「なぜそんなこともできないのか」などと、あしらわれてしまった苦い経験は誰もがひとつや

成功とは何か

ふたつ持っているものでしょう。その経験が、さらに私たちを臆病にしていきます。

Pさん「それでも、部下に本音を言ってもらうことは、正しい判断をしたり、会社を前進させるためには、必要なことです」

私「部下にその勇気を持ってもらうには、何が必要だと思いますか?」

Pさん「私との信頼関係でしょうね。対話の中でたとえネガティブな話を持ち出したとしても、私との信頼関係は崩れない。そう思えれば、もっと本音が引き出せると思います」

そこで、私たちは「信頼関係マップ」を作ってみることにしました (図表24参照)。

このマップを眺めながら、私たちは検討していきました。

他の誰かとの信頼関係は、何によって築いてきただろうか?

付き合った時間とは関係なく、信頼関係が高い人がいるとしたらそれはなぜだろう

図表24 **信頼関係マップ**

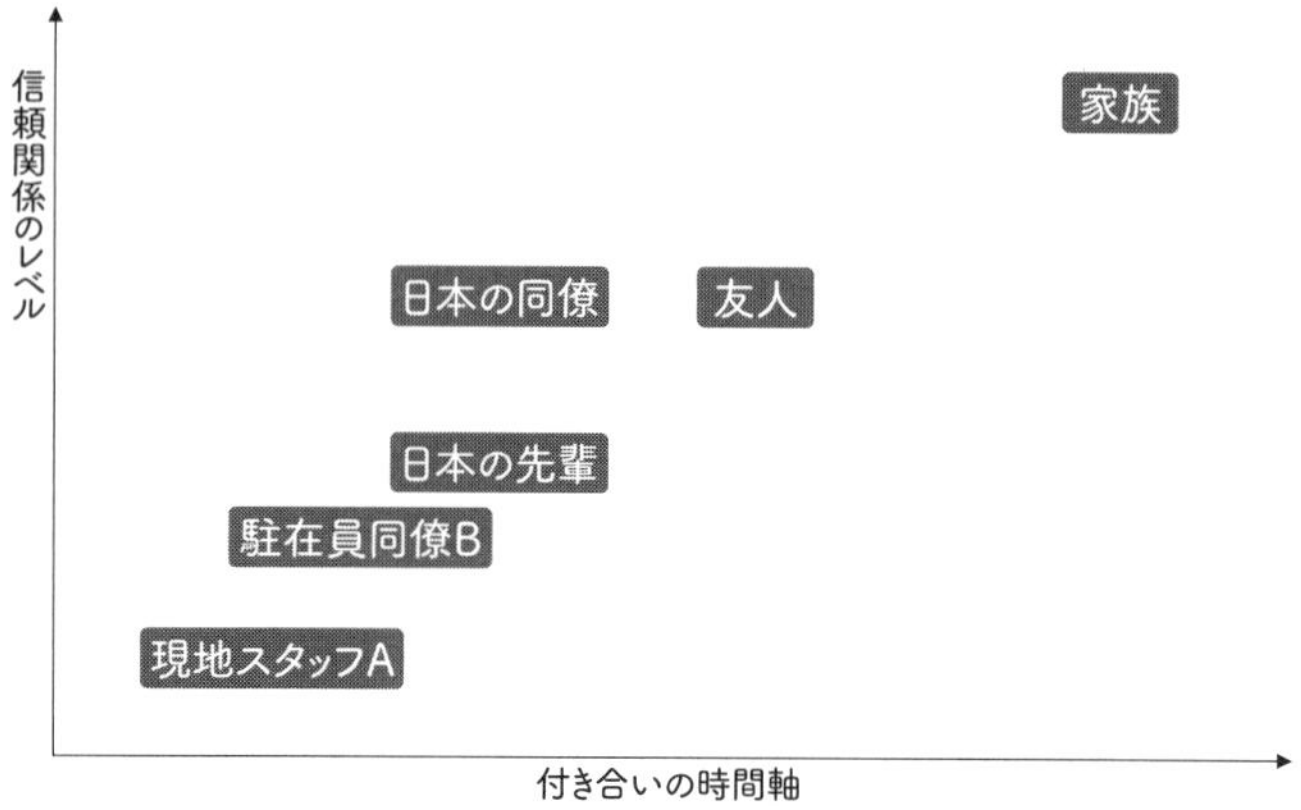

か？

Pさんにとって信頼関係を築いてきたプロセスとは、お互いのプライベートな情報を知っていることであったり、自分自身の悩みや弱さを打ち明けたことであったりしました。そして、その中でも、今彼が彼女との関係性の中で実行できそうなことを、ひとつずつ選んで実行していくことにしました。特にカルチャーショック期にあったPさんは、部下である彼女に、自分が異文化環境の中で戸惑っていることを打ち明けてみることにしたのでした。彼女はとても親身に相談に乗ってくれたそうです。

1か月もたつと変化は徐々に表れました。職場で顔を合わせた様子は特に変わりませんが、2人で話す時間になると、「ここだけの話、この点で迷っています」「今はまだ会社としては、早いかなと思うんですけど、私が考えていることはこうなんです」というような、他の人がいる職場や会議では持ち出さないような話がたくさん出てくるようになったのでした。もちろん、そこで話された行動は実行される確率が高まりました。それは、部下から「本音」を引き出すことができているという証拠でもありました。

半年後、Pさんはこう話されました。

「部下の本音を引き出すことは、今でも本当に難しいと思う。引き出したところで、すべてに自分が合意できるとも限らないですしね。本音を聞いてしまったことで、お互いが気まずい雰囲気になったりもします。それでも、**彼らなりの本当に思っていることが共有されないと、決して新しい行動が起きないのだ**と身に染みて分かりました。

「コーチから、部下との対話を始めることを提案されたとき、〝こんなに忙しいのに勘弁してよ〟と思いました。たぶん、部下も同じように思ったと思います。

でも、なんてことはない、今となっては、**こういう対話こそがすべての最重要業務なのだ。これこそがマネジメントだと思うようになった。**コーチングの対話の中では、いくら失敗してもいい、対話の中で失うものはお互いにない。そういう前提の対話は貴重なんです」

Qさんの組織は、1年前には本人曰く、ほとんどの社員が「全社の目標は、自分には関係がないと思っている」という状態でした。全社の目標を表したスローガンはオフィスに大きく掲示されており、あらゆる書類にもその言葉を見つけることができました。それにもかかわらず、社員の誰もそのスローガンが「自分のもの」とは思っていなかったのです。

Qさんのポジションは、ある事業部において、5か国のチームをグローバルでまとめる立場にありました。そしていくつかの国では、ここ10年くらい業績が大きく伸びていないという事実がありました。経営からのQさんへの期待は、ここに変化を起こすことでした。バラバラに存在する拠点長との対話を根気よく続けていたQさんですが、どことなくつかみどころがなく、取り組みの焦点を絞れないでいる様子でした。トランジション・プロセスで言うと、適応期の飛躍に向かうための「イグノランス」を見出しあぐねており、「何が分かっていないのかが分からない」という様子でした。

Qさん「毎年、拠点の責任者は『今年は大きく業績を伸長させます』と約束するんです。確かにそれらしい計画も出してくれます。それでも、結果的には実現できない。毎年そうなんです。実は同じような失敗をこの10年繰り返しているんじゃないか、と思うのです」

私「その失敗の本質とは何なのだと思いますか？」

Qさん「失敗の本質ねぇ。枝葉としては、いろいろな事象はあるけれども、根っこを探っていくと、どうだろう。やはりチームにあるメンタリティ……つまり組織風土が本質的に変わっていないということじゃないかなぁ」

Qさんが言う、変わらずにいる「メンタリティ」とは、管理職が日々承認サインをしている書類に象徴されていました。Qさんがある拠点に立ち寄った日、不意打ちで何人かの管理職に、「その書類の中身は何？」と質問してみたそうです。すると誰一人として、的確に答えることができなかった。その意思決定の背景を誰も理解していないまま承認のサインをしていたのだそうです。

気づけば、そのような「誰も本当には内容が分かっていない書類」を上に上にと回している、という状態がありました。Qさんの言葉を借りれば「血の通っていない書類」が社内中にたくさんあるとのことでした。その結果として起こっていたことは、意思決定をした後から部署間の調整をし始めるため、うまく折り合いがつかずに話がこじれていったり、取引先との間でも問題が起こって、その尻ぬぐいをすることで管理職は忙しくしていたのでした。

匿名式のアンケートで、管理職に「時間の使い方」をリサーチしてみると、「社内調整」に45％、「トラブル対応」に10％も自分の時間を使っている、ということも分かりました。「無関心文化、無責任文化が、そこには根付いてしまっていた」とQさんは語りました。

そして、このような状態を作っているのは、日々、自分も含めた幹部たちで話されている内容が、「今週のこと」「今月のこと」「今起こっていること」などと極めて近視眼的であることが影響しているのではないか、と考えられたのでした。

Qさん「私たちが本当に話すべきは、『われわれがどこを目指すのか』ということ。そして『そのために何を選択するのか』を話さなければいけなかった。そのことを十分に対話せず、日々やその月の進捗ばかりを追いかけていた。結果的に、どうしても活動が近視眼的になり、お互いに対する無関心文化を作ってしまったのだと思います」

Qさんはチームにひとつの方針を出しました。

「各国拠点責任者は、ローカルマネジャーたちと『真の業務計画』を作る。そして、

成功とは何か

その計画を作るため、責任者、ローカルマネジャー、そしてそれぞれの部下たちが定期的に対話をする。これを何よりも最優先すること」

Qさん「それぞれが自分の考えを持って、課題を共有して、本当の意味でのアクションを決めていくことが何よりも大事だと思うようになったのです。以前から、いろんな目標、計画は会社に存在していました。これを実現できるもできないも、人と組織次第という状態だったのです。ところが、それを実現するために、われわれが本当に考え抜いてきたのか？というと、はなはだ疑問だなと思った。それは、誰もその目標や計画を『私のもの』と思えていなかったからです。他人がどこかで作った計画など、誰も本気になれません。時間をかけてでも "真の業務計画" を共に作ることこそが、その後、実現に向けて本気で考え、取り組むことにつながるのでしょう。だからこそ、共に作るプロセスとしての "対話" こそが最重要業務なのです。これが実は組織が深みにはまっている本当の原因だった。本質的な問題は何なのか、まず自分自身がそれを口にすることで、とにかく一歩を踏み出すことができました」

適応期で足踏み状態だったQさんの組織改革は、各拠点に足を運び、現場で自ら手に入れた「フィードバック」と数多くの生の情報によって、大きな一歩を踏み出すことができたようです。

「今は、これまでじっくり考えてこれなかったことを、チームで一緒に話せていま す」とQさんは語ります。彼のチームでは対話の中身が変わり、「共創関係」が築かれ始めたのでした。

Coaching case 19

「この2年間、ともすると、自分は本社のほうばかり見て仕事をしていた。彼とちゃんと向き合えたことで、結果的にこのチーム全員と向き合うことができた」

こう語るのは、中国に駐在するクライアントでした。その方はアメリカでも駐在経験のあるシニアのRさん。

中国の拠点は歴史が長く、そこには20年以上その拠点で働いている現地採用の日本人幹部がいました。一見すると、組織はとても安定していて、業績も悪くはないと言えました。彼も赴任した時点ではコーチングは不要であるとして、私たちのセッションがスタートしたのは、Rさんが赴任後の2年目にさしかかるころでした。Rさんのトランジション・プロセスは、この2年でスムーズに適応期まで進んでいたと思っていたら、2年目にして突然カルチャーショック期に引き戻された、というような状態でした。

そのきっかけとなったのは、日本人幹部の部下であるローカルマネジャーからの相談でした。

「彼のマネジメントから外れたい」と社長までじきじきに言いに来たそうです。Rさんはとても驚きました。「いったい何が起こっているんだ」と。

私「驚いたのですね」

Rさん「はい、驚きました。てっきりうまくいっていると思い込んでいたので、お恥ずかしい話ですが、何か問題が起きているなんて、全然気がつかなかったのです。聞いてみると事態は深刻でした」

問題となっている日本人幹部は、この組織の中心でした。この20年以上、何人もの拠点社長が代わる中で、ただ一人変わらずに勤め続けてきた彼は、お客さまとの信頼関係をつないできたキーパーソンでした。前任の社長も、Rさんも、「とても意見を言えるような立場ではない」と、彼のチームの様子にはずっと触れないようにしていた、とのことでした。

Rさん「いまさらどんな風に彼と話したらいいだろう。彼のプライドを傷つけてしまうのではないか。彼が辞めると言い出したら、会社はどうなってしまうだろうか」

多くの迷いを持ちながらも、Rさんは対話を始める決意をされました。対話を始めても2か月ほどは、本当の意味での「対話」にはならなかったようです。初めのころは彼の不満や主張を聞くばかりだったと言います。赴任してから2年目というこのタイミングでキーパーソンとの「対話を作り出す」ということは、とても難易度の高い挑戦でした。

試行錯誤を重ねるうち、まずは自分自身のことを打ち明けてみることにしました。会社や仕事について、この土地について、自分が思っていること、まだ分からないと感じていること、などを。すると、相手も抱えている思いを話してくれるようになっていきました。そうしていくうちに、スタッフとのコミュニケーションをどう良くしていけるだろう、ということも話せる関係に変わっていきました。

Rさん「最近は、自分自身がもっと彼のモチベーションを上げるように関わらないといけない、という思いに変わってきました。これまでは、自分はそんな役割を担う必要はないし、できないと思っていたんです。彼に対して言葉だけではなくて、ちゃんと行動として、上司としての支援を示していきたいと思っています。

彼といろんなことを話してみて気づいたことは、彼自身が同じ会社に20年いて、実は閉塞感を感じているということでした。この国の拠点内では、いくら経験を重ねても、彼はなかなか今の業務の範疇を超えていけない。そういう感覚が部下にも伝わって、部下も閉塞感を抱いてしまっていたのです。もっと日本本社に行かせたり、他の海外拠点と関わらせたりしてあげないと、彼もこの拠点も次のステージに行けないのでしょう。

自分の勝手な思い込みで、自分は日本本社との連携だけをしていればいいと思っていました。自分がチームに2年以上も向き合ってこなかったことに、今さらながらに気づいたのでした」

Rさんは、「このとき初めて、この国に赴任してきたという実感が湧いた」ともおっしゃっていました。カルチャーショック期は、自分自身の成長や抱えている課題に、本当に向き合ってこそ迎えることができると言えるかもしれません。

ここまで、3つのトランジション・プロセスをご紹介しました。いずれのケースでも、私はご一緒していて、その方の見ている「景色が変わる」というような体験をしました。これは、たとえて言うなら山登りと似たような感覚です。山の中腹でしばらく同じような景色が続く、先が見えず「いったいどこまで続くのだろう」と不安になる。そんなとき、「こっちから登ると早いですよ」と一緒に歩んでくれる仲間が見つかると、気持ちが軽くなり、希望が持てる。その先には、想像もしていなかった景色が待っていた……。トランジションの成功とは、やはりこのような体験、言わば「世界観の変化」を得ることができるかどうか、にあるのではないでしょうか。

今までも見てきたように、海外駐在という貴重なトランジションの機会は、自分のこれまでの世界観を少しずつ手放し、新しい世界観を手に入れるチャンスです。異文化という環境で生活をし、仕事を進めるからこそ、これまでは気にも留めなかった自分自身の考え方や行動パターンと向き合うことを可能にしてくれます。その過程で「迷い」「悩み」「混乱」が生じるのは当然のことです。むしろ大いに迷い、悩み、混乱してほしいのです。そして、そうしたプロセスを乗り切るための知恵や仲間、支援者は必要です。状況によっては、支援を求めることをためらわないでほしい、とも申し上げたいと思います。

周りをよく見回してみると、そのようなトランジション期を経験され、乗り越えてきた諸先輩方が、今は世界中どこにでもいらっしゃいます。あなたは、決して一人ではありません。

そして、「世界観」の変化とは、どのように訪れるものだろうか、と考えたときに、その世界観の持ち主である「自分」というものについて同時に考えるようになります。そうして突き詰めていった先に私が出会ったひとつの問いは、「そもそも〝自分〟とはいったい何だろうか」というものでした。

私たちが「自分」という言葉で指しているものは、ただの物理的な肉体のことではありません。それは職場や社会などで、周囲の人たちとのさまざまな関係の中に存在する「ある役割」のことを指しているのではないでしょうか。

私たちは、周囲との日常的な関わりの中で、「あなたはこういう人」という役割を与え合って生きています。

◇口うるさい心配性のお父さんとしての私
◇面倒見の良いお母さんとしての私

◇厳しい上司としての私
◇信頼できる仕事仲間としての私
◇何でも話せる気の置けない友人としての私
◇時間や決め事にうるさい日本人の私

このように、いくつもの役割を担って私たちは生きているのです。

人との関わりの中で、さまざまな役割を帯びながら生きている私たちは、「自分」というものを、蜘蛛の巣の網目のようなもの、と捉えることができるかもしれません。そこに実在するのは網目を作る糸であって、「網目」そのものは、実在はありません。つまりはたくさんの他者とのつながり方が、「自分」を形作っているということです。

このように考えてみると、自分の世界観を変えていくということは、新しい自分を形成する過程であり、それは周囲の人たちとつながり直す、ということを意味していると言えそうです。ここまでに見てきた**自分自身や他者との繰り返しの「対話」は、関係性のつながり直しのプロセス**とも言えるでしょう。

あなたは、トランジションを通して、周囲の人たちと一緒に、どのような網目を新しく紡ぎ出していくでしょうか。

このようなプロセスを、図らずも余儀なくされるトランジション期というのは、人に成長をもたらす、とても恵まれた環境であると、あらためて感じられます。

海外で仕事をすることは、戸惑いも少なくありませんし、ときには悩み、傷つくこともあるかもしれません。しかし、それは間違いなく貴重な経験となり、みなさまがビジネスリーダーとしての視座を高める契機になり得ます。グローバルリーダーを志向する方、図らずもグローバルリーダーとなることを要請された方、すべてのみなさまが多くの対話を通してトランジションを乗り切り、それを成長の機会とされることを願ってやみません。

おわりに

少し話は変わりますが、もし、あなたのお子さんが、クラスで下から2番目の成績をとったら、どんな言葉をかけてあげますか？

これは、笑えないような私自身の体験なのですが、高校時代、ずいぶんと成績が悪かったのです。高校2年生になっても、あまりにもテストの結果が悪いので、大学受験を控えた私に周囲の大人たちは、「それでも行けそうな大学」をいろいろとアドバイスしていました。

ある日、私は一人の塾の先生に出会います。

その英語の先生は、とても楽しい授業をする方でした。

いつもの眠気と戦う授業（失礼ですね……）と違って、その日の私はひとしきり笑って授業が終わりました。帰る途中のエレベーターホールで、ふとその先生が私を呼び止めました。そして、こう言ってくれたことをよく覚えています。

「ところで、馬場さんは、どこの大学に行きたいの？」

この質問に、私はとても驚きました。突然、あまりよく知らない先生から質問されたことにも驚きましたが、何よりも質問の内容に驚いたのです。実は、この質問は、私にとって初めての質問だったのです。大学受験を目指して、塾に通っていたにもかかわらず、あまりに成績が悪かったため、誰も私に志望校などたずねなかったのです。

これは、私にとっては、とてもインパクトのある質問でした。

先生は世界でたった一人、当時の私に「可能性」を考える視点をくれた人だったのです。今思えば、これは私が他者との対話によって「イグノランス（無知）」

に気づかせてもらった、初めの大きな体験でした。

そのあと、当時の私の成績からすると、とんでもなく高い目標（志望校）を掲げた私を、先生は最初から最後まで「絶対できるよ。一緒にやろうよ」と可能性を見続けてくれたのでした。結果的に、当初の偏差値よりも数十ポイントも高い第1志望校に入学することができたのでした。

また、コーチ・エィという会社を知ったときには、私は「アシスタントで入社して、コーチの活動をサポートできればいいな」、というとても小さなビジョンを持って入社しました。自分などがコーチングのプロになれるなどと思ってもいなかったのです。

「シンガポールへ出張においでよ」

本音が言えないままでいたら、私の方針に対しても、表向きはYESと言っても、本当のところは〝やらされている〟〝自分の考えとは違う〟〝社長には理解してもらえない〟というすれ違いが起こってしまうのです。自分はリーダーとして、相手の本音を引き出すことの本当の価値を知ることができたと感じています」

Pさんのトランジションは、ここから適応期に向けてとても速いスピードで進みました。スタッフたちの動きも変わってきたことが、外から見ていても手に取るように分かりました。

2 「世界観」の変化を得ることができるかどうか

Coaching case 18

入社して4年目になるころ、英語もろくに話せない私を、海外に誘ってくれた先輩がいました。

「英語なんて慣れだから、大丈夫」

その先輩に励まされながら、いつの間にか海外の仕事を始めるようになりました。

2011年、東日本大震災が起きました。私の親戚も住んでいた福島が大変なときに、いかに自分が何もできないか、ということを痛感したのでした。

コーチという仕事は、未来に向けて、問いかけていく仕事です。大震災のような緊急時には、自分にできることが見当たらず、立ちすくむばかりだったのでした。そのときの葛藤の中で、コーチという私の仕事は、ひたすら未来に向かうことで世界に貢献していく仕事なのだと、強く認識しました。そして未来に思いを馳せたとき、「海外でも仕事ができるようになりたい」と、あの震災が、さらに私の背中を押したのでした。

私のここまでの短くも試行錯誤してきた旅路を振り返ると、このようないくつかのトランジション・プロセスと、それを支えた多くの人との対話が思い返されます。そして、あらゆる私の無謀とも言える挑戦を可能にさせたのは、両親と姉からもらい続けた深い愛情と、それによる安心感であったとも思われます。

今回、ダイヤモンド社の間杉俊彦さんに声をかけていただき、まだまだ経験不足ながら、こうして本を書く機会に恵まれました。コーチ・エィ社長の鈴木義幸さん、そして広報の大谷恵さんにも寛大な心でご支援いただき、稚拙な文章を積み重ねた上で、なんとか完成させることができました。そのプロセスは、これまで一緒に伴走してきた多くのクライアントさんの、当時の「物語」をまたもう一度、ひも解き直す道のりでした。私にそのような機会をくださったすべてのクライアントさんに感謝をしたいと思います。そして本書の作成に当たってインタビューにご協力いただいたグローバル人事のみなさま、コーチ・エィのスタッフのみなさまの存在もここでお伝えしたいと思います。

人の成長は、日々の積み重ねという連続的なものであると同時に、ときに大きな非連続的な時機を迎えると私は思います。トランジションとは、非連続的な成長をもたらす人生のチャンスです。

ある日突然、自分の意思とは無関係に訪れるトランジションも多くありますが、願わくば自分自身も、そして多くのリーダーの方々にも、自らトランジションを「選ぶ」ことをしてほしいと思っています。

その旅路を、この本がご一緒できるのなら、それはとても幸運だと思っています。

[著者]
馬場久美子（ばば・くみこ）
早稲田大学政治経済学部政治学科卒業後、大手求人広告会社へ入社。主にIT企業を対象に、キャリア採用を通じた企業成長を支援する。その後、コーチ・エィに移り、エグゼクティブ・コーチとして活躍。香港に駐在し、拠点長を務めるなど、自らもグローバルリーダーとしての経験を積む。海外赴任前、赴任中のコーチング実績も多数。国際コーチ連盟プロフェッショナル認定コーチ。2019年4月より独立。

グローバルリーダーのための「トランジション・マネジメント」
海外駐在で成功するための条件

2019年4月17日　第1刷発行

著　者——馬場久美子
発行所——ダイヤモンド社
　　　　　〒150-8409　東京都渋谷区神宮前6-12-17
　　　　　http://www.diamond.co.jp/
　　　　　電話／03・5778・7229（編集）　03・5778・7240（販売）
イラスト——越智俊介
装丁・本文デザイン——青木汀（ダイヤモンド・グラフィック社）
製作進行——ダイヤモンド・グラフィック社
印刷————八光印刷（本文）・新藤慶昌堂（カバー）
製本————川島製本所
編集担当——永田正樹

©2019 Kumiko Baba
ISBN 978-4-478-10734-8

落丁・乱丁本はお手数ですが小社営業局宛にお送りください。送料小社負担にてお取替えいたします。但し、古書店で購入されたものについてはお取替えできません。
無断転載・複製を禁ず
Printed in Japan